Karel Eykman / Jansje Bouman

Das Fest

Geschichten von Jesus · Kindern neu erzählt

Karel Eykman / Jansje Bouman

Das Fest

Geschichten von Jesus · Kindern neu erzählt

Herder Freiburg · Basel · Wien

Ins Deutsche übertragen von Liesel Linn

Titel der Originalausgabe:
Hoor eens even. Verhalen van Jesus voor kleuters bewerkt
1982 Zomer & Keuning Boeken B.V., Ede

Alle Rechte der deutschen Ausgabe vorbehalten
Printed in Germany
© Verlag Herder Freiburg i. Br. 1983
Herstellung: Freiburger Graphische Betriebe 1983
ISBN 3-451-19990-4

Um was es in diesem Buch geht

Jesus erzählte gern Geschichten. Das waren jedoch nicht einfach nur Gutenachtgeschichten. Nein, Jesus erzählte diese Geschichten, um die Menschen auf etwas ganz Wichtiges in ihrem Leben aufmerksam zu machen. Darum heißen seine Geschichten *Gleichnisse,* denn sie *gleichen* Erlebnissen, die man auch selber haben kann.
Jesus hörte zum Beispiel manchmal, daß die Leute über jemanden schimpften. „Nein, was hat der für Dummheiten gemacht", sagten sie dann. „Der gehört nicht mehr zu uns. Mit dem wollen wir nichts zu tun haben."
Jesus fand es gar nicht gut, wenn jemand so geärgert wurde. „Hört mal eben her", sagte er dann, und er erzählte ihnen schnell eine Geschichte von einem Schaf, das von der Herde weggelaufen war und sich verirrt hatte. Dieses Schaf gehörte auch nicht mehr zu den anderen Schafen, bis der Hirte es wiederfand und zurückbrachte. Da war alles wieder gut.
„Die Menschen müssen spüren, daß sie sich genau wie diese Schafe verhalten", dachte Jesus dann. „Ich werde ihnen nicht alles im einzelnen erklären. Sie müssen selbst heraushören, was ich gemeint habe. Wer Ohren hat, zu hören, der ist auch in der Lage, dahinterzukommen."
In diesem Buch werden die Geschichten noch einmal nacherzählt. Aber diesmal so, wie Jörg sie erlebte. Er wohnte auf einem Bauernhof – zusammen mit seinem Vater, dem Bauern Hermanns, mit seiner Mutter Rita, seinem Bruder Peter und den Knechten Jan, Jakob und Josef. Sie haben die Geschichten, die Jesus erzählte, selber erlebt.

Der Apfelbaum

Dies ist ein Garten, in dem sechs Bäume stehen.
Sie stehen schön ordentlich in einer Reihe.
Da kommt Bauer Hermanns anspaziert.
Er will nachsehen, ob an seinen Bäumen Äpfel hängen,
daran kann er erkennen, daß es auch wirklich Apfelbäume sind.
Der erste Baum trägt Äpfel – ein echter Apfelbaum.
Der zweite Baum trägt Äpfel, und auch der dritte Baum.
Alles echte Apfelbäume.
Der vierte trägt Äpfel,
und der sechste Baum trägt Äpfel.
Aber was ist denn das?
Der fünfte Baum trägt keine Äpfel!
Bauer Hermanns schaut auch noch unter den Blättern nach:
kein Apfel zu sehen.
Bauer Hermanns denkt: „Nanu, das ist doch komisch.
Ein Apfelbaum ohne Äpfel,
ist das überhaupt noch ein Apfelbaum?
Man könnte ihn besser einen Nullkommanichtsbaum nennen.
Hab' ich nicht recht?"

Er geht weg und holt ein Beil, dann ruft er Jakob.
„Jakob", sagt er, „hack diesen Baum ruhig um – die Nummer fünf da.
Von diesem Baum habe ich doch nichts."
Bauer Hermanns legt das Beil schon an die Wurzeln des Baumes.
Da kommt Jörg gelaufen.
Jörg fragt: „Muß Jakob diesen Baum wirklich fällen?
Laß ihn das lieber nicht tun.
Ach bitte, laß mich es noch ein Jahr lang
mit dem Baum probieren!
Ich werde besonders gut für ihn sorgen.
Ich werde ihn gießen, wenn es trocken ist.
Ich werde den Boden um ihn herum mit Kuhmist düngen;
dadurch wird er wachsen.
Aber hack ihn bitte nicht um, er gehört doch auch dazu!"

Bauer Hermanns sieht Jörg nachdenklich an.
Dann sagt er: „Gut, also los,
du darfst es noch ein Jahr lang versuchen.
Aber wenn er dann immer noch keine Äpfel trägt,
dann ist es aus mit ihm."

Jörg gibt sich große Mühe mit dem Baum Nummer fünf.
Im Sommer begießt er ihn.
Im Herbst macht er mit seinem Spaten den Boden schön locker,
und er streut Kuhmist in die Erde rund um den Baum.
Er zieht alles Unkraut, das in der Nähe wächst.
Im Winter legt er einen Mantel aus Stroh um den Stamm.
Das hält schön warm.

 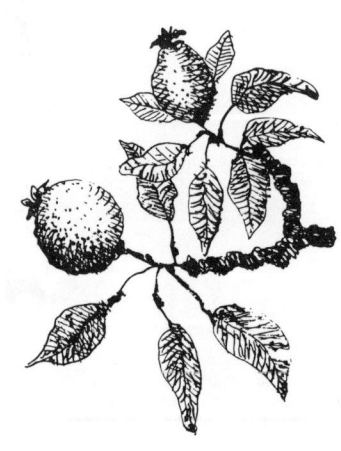

Im Frühjahr bekommt der Baum viele kleine Blüten
und etwas später grüne Blättchen.
Und er gedeiht genauso gut wie die anderen Bäume.
An den Zweigen wachsen kleine grüne Bällchen,
das werden später Äpfel.

Als der Sommer sich dem Ende zuneigt,
gehen Jakob, Jörg und Bauer Hermanns hinaus,
um die Äpfel zu pflücken. Sie ernten einen ganzen Korb voll.
Jeder Baum gibt genauso viel wie die anderen.
Und alle Äpfel schmecken gleich gut:
von Nummer eins, Nummer zwei, Nummer drei,
Nummer vier, Nummer sechs und auch von Nummer fünf!
Jetzt gehören alle Bäume richtig zusammen;
jeder von ihnen ist ein echter Apfelbaum.
Bauer Hermanns, Jakob und Jörg probieren jeder einen Apfel.
Oh, wie lecker!

Brot backen

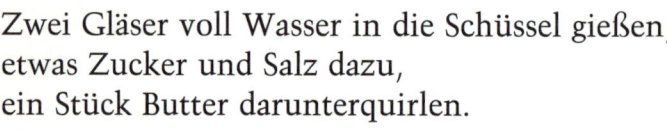

Jörg hilft seiner Mutter Rita.
Er will Brot backen.

Zwei Gläser voll Wasser in die Schüssel gießen,
etwas Zucker und Salz dazu,
ein Stück Butter darunterquirlen.

Dann das Mehl unterrühren,
nach und nach, in kleinen Portionen,
alles ganz lange kneten
und eine schöne Kugel daraus formen.

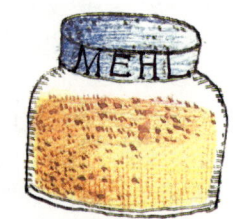

Die Schüssel mit einem Tuch zudecken
und eine Zeitlang stehen lassen,
dann kommt alles in die Backform
und wird in den heißen Ofen geschoben.
Dort bleibt es eine halbe Stunde lang.

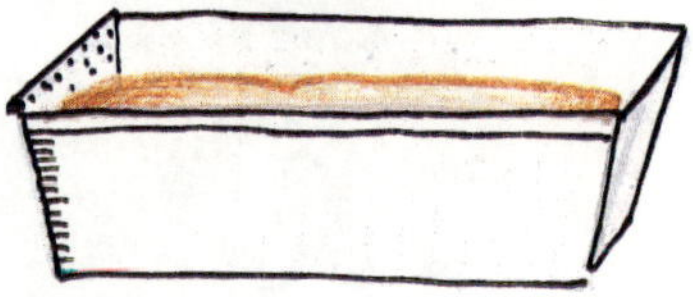

Jetzt holt Jörg das Brot aus dem Backofen.
Es ist steinhart!
Man kann es nicht essen.
Wie schade!

Jörg versucht es noch einmal,
zusammen mit seiner Mutter Rita.

Zwei Gläser voll Wasser in die Schüssel gießen,
etwas Zucker und Salz dazu,
ein wenig Hefe hineinbröckeln, ---------------→
ein Stück Butter darunterquirlen.

Dann das Mehl unterrühren,
nach und nach, in kleinen Portionen,
alles ganz lange kneten
und eine schöne Kugel daraus formen.

Die Schüssel mit einem Tuch zudecken
und eine Zeitlang stehen lassen,
dann kommt alles in die Backform
und wird in den heißen Ofen geschoben.
Dort bleibt es eine halbe Stunde lang.

Jörg holt nun wieder das Brot aus dem Backofen.
Es ist schön frisch,
es schmeckt köstlich.
„Weißt du, was wir diesmal anders gemacht haben?"
fragt die Mutter.
Es war nur ein ganz kleiner Unterschied,
aber auch ein bißchen
kann viel ausmachen.

Suppe kochen

Peter hilft seiner Mutter Rita.
Er will Suppe kochen.

Er schüttet braune Bohnen in eine Schüssel mit Wasser.
Er läßt sie einen Tag lang stehen.
Dann können sich die Bohnen voll Wasser saugen.

Er kocht die Bohnen in einem Topf.
Nach einer Stunde sind sie weich.

Jetzt rührt er sie durch ein Sieb;
die Schalen bleiben im Sieb hängen.
Das Bohnenpüree kommt wieder in den Topf.
Da kann es leise vor sich hin brutzeln,
bis es schließlich Bohnensuppe wird.

Peter probiert die Suppe.
Er findet, daß sie nach gar nichts schmeckt.
Ein fades Zeug!

Peter versucht es noch einmal,
zusammen mit seiner Mutter Rita.

Sie schütten braune Bohnen in eine Schüssel mit Wasser.
Sie lassen sie einen Tag lang stehen.
Dann können sich die Bohnen voll Wasser saugen.

Sie kochen die Bohnen in einem Topf.
Nach einer Stunde sind sie weich.

Jetzt rührt Peter sie durch ein Sieb.
Die Schalen bleiben im Sieb hängen.
Das Bohnenpüree kommt wieder in den Topf.
Da kann es leise vor sich hin brutzeln.
Mutter tut ein bißchen Salz hinein.
So wird es schließlich Bohnensuppe.

Peter probiert die Suppe.
Jetzt ist sie sehr lecker.
„Weißt du den Unterschied zum vorigen Mal?"
fragt Mutter.
„Es ist nur ein ganz kleiner Unterschied,
aber auch ein bißchen
kann viel ausmachen!"

Die verlorene Münze

Mutter Rita hat eine hübsche Kette an;
die hat sie von Oma zur Hochzeit bekommen.
Zehn goldene Münzen hängen daran.
„Wenn du es nicht glaubst, kannst du sie ja zählen!"
sagt Mutter Rita zu Jörg.
Jörg zählt nach: eins, zwei, drei, vier, fünf, sechs, sieben, acht, neun. Neun!
Es sind wirklich keine zehn!
Mutter schaut in den Spiegel. Jetzt sieht sie es auch.
Neun – keine zehn.
Sie nimmt die Kette ab und zählt noch einmal nach.
Neun – keine zehn! Sie bekommt einen Schrecken.
Sie schaut auf dem Boden nach und sieht sich überall um.
Nirgendwo kann sie die zehnte Münze entdecken.
Sie blickt unter den Tisch; sie kriecht über den Boden
und schaut unter dem Schrank nach; sie findet nichts.
„Hilf mir mal suchen", sagt sie zu Jörg.
„Ich mache mir Sorgen. Sie muß doch irgendwo sein!

Sie ist weg – aber sie *kann* doch nicht weg sein!
Eine Kette mit neun Münzen, das geht einfach nicht.
Es müssen zehn sein, erst dann ist sie vollständig.
Ich *muß* sie einfach wiederfinden,
denn sie gehört zu den übrigen neun."

Jörg und seine Mutter suchen und suchen:
im Bett, im Wäschekorb,
unter dem Herd und unter dem Kachelofen,
ja sogar im Herd und im Kachelofen.
Mutter stülpt den Abfalleimer um,
aber die Münze steckt auch nicht
zwischen den Küchenabfällen.
Jetzt muß der ganze Abfall zurück in den Eimer.
Mutter bekommt allmählich Angst,
daß die Münze weg sein könnte.
Sie weint beinahe,
weil sie verschwunden ist.

Sie ruft Peter herbei. Peter soll beim Suchen helfen.
Sie geht zur Nachbarin, die gegenüber wohnt,
und sie geht zur Nachbarin von nebenan.
Alle müssen suchen helfen,
und alle helfen beim Suchen.
Peter sucht im Bett und unter dem Bett.
Die Nachbarin von gegenüber
sucht auf der Couch und unter der Couch.
Die Nachbarin von nebenan
sucht im Schrank und unter dem Schrank.
Sie heben den Teppich hoch, aber sie finden nichts.
Die Katze sitzt in ihrem Körbchen und schaut zu.
Sie tut gar nichts.

„Du Faulpelz", sagt Jörg zur Katze.
„Geh mal beiseite, dann suche ich in deinem Körbchen."
Und was liegt da im Katzenkorb?
Die goldene Münze, die zehnte Münze!
„Kommt mal schnell gucken!" ruft Jörg.
Alle kommen angerannt.
Sie sehen die Münze da liegen.
Sie finden, daß sie prächtig funkelt!

„Die Katze hat sie gut bewacht", sagt Jörg.
Mutter Rita befestigt die Münze schnell wieder an der Kette.
„Jetzt sieht man nicht mehr, daß sie weg war", sagt sie.
„Ist es nicht eine wunderschöne Kette?
Ich bin so glücklich; ich lade euch alle zum Kaffee ein."
Jörg und Peter dürfen zum Bäcker gehen.
Sie kaufen sieben Stück Kuchen.
Ein Stück für Mutter, eins für die Nachbarin von nebenan,
eins für die Nachbarin von gegenüber,
eins für Peter, eins für Jörg,
auch eins für die Katze, die gerne Schlagsahne mag,
und eins für den Vater, wenn er nach Hause kommt.
Sie essen es mit Appetit.
„Was für ein Zirkus wegen so einer kleinen Münze", meint Peter.
Aber Jörg sagt: „Es ist eigentlich ein Fest für alle zehn Münzen,
weil sie nun wieder alle beisammen sind."

Das verlorene Schaf

Auf dem Bauernhof leben zwölf Schafe.
Diese Woche ist Jörg an der Reihe, sie zu hüten.
Er nimmt sie mit nach draußen, auf die Heide.
Dort können sie grasen.
Er hat einen langen Stock bei sich,
um die Herde zusammenzuhalten.
Damit stupst er sie, wenn sie zu weit weglaufen,
oder er bewirft sie mit kleinen Steinchen.
Denn sie sind alle schon mal übermütig –
aber Jörg findet sie trotzdem allesamt nett.
Jörg kennt jedes Schaf beim Namen:
Hänschen mit dem schwarzen Ohr,
Karlchen mit zwei schwarzen Ohren,
Minchen mit einem schwarzen Vorderfuß,
Georg mit zwei schwarzen Vorderfüßen,
Lieschen mit einem schwarzen Hinterfuß,
Eddy mit zwei schwarzen Hinterfüßen,
Veronika mit dem schwarzen Schwänzchen
und Flipp mit der schwarzen Schnauze.
Brigitte, die ganz weiß ist,
der dicke Bert und die dünne Berta,
und Kurt, das schwarze Schaf der Familie.
Am Abend bringt Jörg alle Schafe in den Stall,
der auf der Heide steht. Da können sie ruhig schlafen.

Auch Jörg wird dort schlafen, und zwar auf der Türmatte.
So ist er selbst die Türe.
Drinnen im Stall sind die Schafe sicher.
Kein Mensch kann sie stehlen,
kein Tier kann sie beißen.
Aber zuerst müssen sie hereinspazieren,
eins nach dem anderen, alle zwölf.
Jörg zählt sie:
Hänschen mit dem schwarzen Ohr ist Nummer eins,
Karlchen mit zwei schwarzen Ohren ist Nummer zwei,
Georg mit zwei schwarzen Vorderfüßen Nummer drei,
Lieschen mit einem schwarzen Hinterfuß Nummer vier,
Eddy mit zwei schwarzen Hinterfüßen Nummer fünf,
Veronika mit dem schwarzen Schwänzchen Nummer sechs,
und Flipp mit der schwarzen Schnauze Nummer sieben,
Brigitte, die ganz weiß ist, ist Nummer acht,
der dicke Bert und die dünne Berta sind Nummer neun und zehn,
und Kurt, das schwarze Schaf, ist Nummer elf.

Aber es müssen doch zwölf Schafe sein!
Wer ist denn nicht dabei? Welches Schaf fehlt?
Jörg schaut sich um:
das Schaf mit einem schwarzen Vorderfuß ist nicht dabei.
Minchen ist nicht da!
Jörg bekommt einen Schrecken.
Sein Vater wird böse werden, wenn eins der Schafe fehlt.
Und es ist Jörgs Schuld, daß Minchen fehlt.
Jörg sagt zu den Schafen:
„Paßt mal gut auf euch selber auf.
Ihr seid eine Herde, also lauft nicht auseinander;
bleibt alle zusammen im Stall.
Ich muß weggehen, um Minchen zu suchen."
Und dann geht er weg.
Es ist inzwischen schon dunkel geworden.
Er läuft durch den dunklen Wald und über die dunkle Heide.
„Minchen", ruft er, „Minchen, Miiinchen, wo bist du?"
Währenddessen sind die anderen Schafe im Stall.

Sie machen „määäh" und „meckmeckmeck".
„Jörg läßt uns allein", sagt Hänschen.
„Das ist gemein!" sagt Karlchen.
„Wir sind immerhin elf,
und Minchen ist nur ein einziges Schaf", sagt Georg.
„Wir sind viel mehr, also gehen wir vor!" sagt Lieschen.
„Und trotzdem läßt Jörg uns allein", sagt Eddy.
„Ich bin so bange!" klagt Veronika.

„Ob wohl Wölfe kommen werden?" fragt Flipp.
„Vielleicht ist sogar ein Löwe auf der Heide", sagt Brigitte.
„Oder ein Krokodil", stottert Bert.
„Hör gefälligst auf, du machst mir Angst!", sagt Berta zu Bert.
„Mir jagst du keine Angst ein", sagt Kurt,
„ich hatte nämlich schon vorher Angst."
Während der ganzen Zeit läuft Jörg herum und sucht.
„Minchen!" ruft er. „Minchen, wo steckst du? Miiinchen!
Ich suche dich! Laß dich doch endlich finden!"
Dann hört er auf, zu rufen.

Er ist müde vom lauten Schreien.
Er hat auch ein wenig Angst, so ganz allein in der Dunkelheit.
Aber was hört er da plötzlich?
„Määäh, määäh, meck-meck", hört er es meckern.
„Bla-bla-bla", hört er es rufen.
Er hatte es eine ganze Zeitlang nicht gehört,
weil er selbst so laut gerufen hatte.
Jetzt aber hört er es.
Er läuft auf das Gemecker zu,
mitten durch die Sträucher.
Die Zweige schlagen ihm ins Gesicht.
Das ist ihm egal.
Dann findet er Minchen im Dunkeln.
„Du dummes Vieh", sagt er,
„das kannst du dir hinter die Ohren schreiben."
Aber er ist so glücklich. Er vergißt, böse zu sein.
Er hebt Minchen auf und legt sie um seine Schultern.
So wandern sie zurück nach Hause.

Minchen meckert nicht mehr.
Jörg schimpft nicht mehr.
So gehen sie durch die Nacht.

Er ist müde, als er zum Stall zurückkommt,
aber er ist sehr froh.
Die anderen Schafe sind zum Glück noch alle da.
„Ach, da ist sie ja wieder", sagt Hänschen.
„He du, es wurde auch langsam Zeit!" sagt Karlchen.
„Wo bist du gewesen?" fragt Georg.
„Wir haben uns Sorgen gemacht", sagt Lieschen.
„Jörg ist so lange weggeblieben", sagt Eddy.
„Wir hatten solche Angst", plärrt Veronika.
„Daß Wölfe kommen würden", sagt Flipp.
„Oder ein Löwe", sagt Brigitte.
„Oder ein Krokodil", stottert Bert.
„Und all das durch *deine* Schuld", sagt Berta zu Minchen.
„Blödes Schaf", sagt Kurt.
Da muß Jörg aber lachen.
„Ich freue mich nicht nur über Minchen", sagt er.
„Ich freue mich über euch alle;
weil wir nun wieder beisammen sind."

Nun können sie ruhig einschlafen.
Jörg legt sich zum Schlafen auf die Fußmatte.
Er ist die Tür.

Das verlorene Kind

„Hör mal, Papa", sagt Jörg.
„Ja, mein Junge, was ist denn?" fragt Vater.
„Wenn du alt bist, dann mußt du doch sterben?" sagt Jörg.
Vater lacht. „Natürlich muß ich sterben, wenn mein Leben zu Ende ist.
Warum fragst du danach?"
„Na ja", sagt Jörg, „dann bekomme ich doch die Hälfte
von all deinem Geld? Und Peter kriegt die andere Hälfte.
Was ich dich fragen wollte:
Kann ich jetzt schon ein bißchen davon haben?
Ich möchte nämlich gern einmal allein verreisen.
Ich will mich in den Ferien ein wenig umsehen."
„Dann mal los", sagt Vater. „Du willst also dein Geld nicht sparen?
Du willst es lieber ausgeben? Ich glaube, du kommst auf mich.
Ich finde es gut, daß du jetzt schon etwas hast,
wenn ich noch nicht tot bin.
Was mir gehört, gehört auch dir. Bitte sehr!"
Und Vater gibt Jörg volle dreihundert Mark.

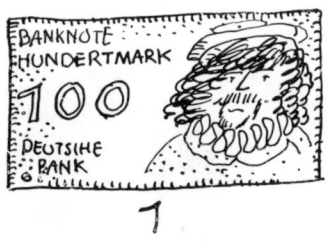

„Meinst du, das wäre richtig?" fragt Mutter Rita.
„Er ist groß genug, um selbst auf sich aufzupassen", sagt Vater.
„Er kann ganz gut mal ohne uns verreisen. Nicht wahr, Jörg?"
Jörg nickt eifrig: jajajajaja!

Am folgenden Tag macht sich Jörg auf den Weg.
Er geht zum Bahnhof.
Er bittet die junge Dame am Schalter:
„Kann ich bitte eine Fahrkarte erster Klasse haben,
einfache Fahrt, für den nächsten Zug, der abfährt?"
Im Zug sitzt er stolz auf einem teuren Platz,
der mit rotem Samt bezogen ist.
Der Schaffner will seine Fahrkarte sehen.
Jörg gibt sie ihm. „In Ordnung", sagt der Schaffner.
Aber er findet es doch ein bißchen komisch,
so ein kleiner Junge mit so einer teuren Fahrkarte.
Nach einer Stunde hält der Zug an der Endstation.
Jörg steigt aus. Jetzt ist er in der großen Stadt.

Jörg gefällt es in der Stadt.
Es ist zwar viel Verkehr und Lärm dort,
aber er sieht auch eine Drehorgel.
Ein Mann dreht Musik aus der Orgel.
Jörg gibt ihm eine Mark.
Er sieht viele Geschäfte mit schönen Auslagen.
Darin stehen Schaufensterpuppen, die schicke Kleider anhaben.
Auf einem Platz ist gerade Kirmes.
Dort steht ein besonders hohes und schnelles Kettenkarussell.
Jörg kauft zehn Eintrittskarten für zehn Fahrten.

Er hat keine Angst, nein, es macht ihm Spaß.
Jörg muß lachen.
Ein paar andere Kinder stehen neben dem Karussell
und sehen ihm zu.
Sie haben kein Geld für das Kettenkarussell.
Aber dann kauft Jörg für alle Kinder
eine Eintrittskarte. Das ist viel lustiger!
Jetzt sitzt in jedem der Stühlchen,
die an den Ketten baumeln,
ein kleiner Freund von Jörg.
Sie winken einander zu.
Anschließend gehen sie zu den Auto-Selbstfahrern.
Da ist es besonders schön.
Jörg bezahlt alle Karten.
Er stößt mit jedem Kind zusammen, das er nett findet.
Er rammt sämtliche Autos.
Aber ein Mädchen hat sich beim Zusammenstoßen weh getan.
Sie ist dem Weinen nahe, aber es geht gerade noch gut.
Jörg kauft ihr schnell ein Stück Zuckerwatte.
Er will sie trösten, denn er findet sie lieb.
Sie essen zusammen von der Watte.

Dann kauft Jörg noch elfmal Zuckerwatte, für jeden ein Stück.
Außerdem kauft er siebzig Meter Bonbonkette für unterwegs.
Sie spielen den ganzen Nachmittag zusammen auf der Kirmes.

Gegen Abend gehen sie in die Imbißstube.
Jörg spendiert allen Kindern zwei Portionen Pommes frites mit Ketchup und zwei Gläser Limonade.
Als alles aufgegessen ist, sagen die Kinder:
„Jetzt müssen wir nach Hause. Vielen Dank, Jörg, bis bald!"
Sie rennen davon.

Jörg will alles bezahlen.
Er gibt dem Mann in der Imbißstube einen Hundertmarkschein.
Der Mann sagt: „Moment mal, ich muß erst ausrechnen,
was es genau macht.
Es sind hundertvier Mark und achtzig Pfennige."
„104,80 DM?" fragt Jörg.
„Ja", sagt der Mann, „hundertvier Mark achtzig."
Jörg guckt in sein Portemonnaie.
Es ist nichts mehr darin.
Das Geld war auch so schnell aufgebraucht auf der Kirmes,
für das Kettenkarussell, die Autoselbstfahrer und die Zuckerwatte.

„Ich bekomme noch vier Mark achtzig", sagt der Mann.
„Ich, ich hab' sie nicht – nicht mehr", stottert Jörg.
Da wird der Mann böse.
„Das gefällt mir aber gar nicht", sagt er.
„Jetzt hab' ich für die ganze Radaubande Pommes gebacken –
ihr habt mir meine sämtlichen Teller schmutzig gemacht,
und du kannst nicht mal genug bezahlen!
Aber ich weiß mir schon zu helfen.
Marsch, geh nach hinten in die Küche!
Da spülst du für mich Geschirr,
und zwar ein bißchen dalli!"

Da steht Jörg nun in einer stickigen kleinen Küche
vor einer Schüssel mit lauwarmem Wasser
und einem ganzen Stoß schmutziger Teller.
Jörg ekelt sich davor.
Er fängt an zu weinen.

Dann schimpft er sich selber aus.
„Was bin ich doch für ein Dummkopf", sagt er immer wieder.
„Nein, was bin ich doch für ein Dummkopf!
Vater hat gesagt, daß ich auf mich selber aufpassen kann,
aber ich kann es ganz und gar nicht.
Ob er überhaupt noch mein Vater sein will,
Vater von so einem Dummkopf?"

„Nun mach mal endlich voran!" ruft der Mann.
Er bringt noch weitere Teller herein.
Darauf liegen Kotelett-Knochen.
Jörg bekommt plötzlich Hunger.
Fast hätte er Lust, von den Resten zu essen.
Aber er hat Angst, daß der Mann es sieht.
„Hier bleibe ich nicht", denkt Jörg.
„Ich muß nach Hause, zu Vater und Mutter.
Es ist besser, wenn ich da spüle,
falls Vater mich nicht mehr als Sohn haben will.
Dann kann ich vielleicht als Knecht bei ihm arbeiten."

„Willst du dich wohl beeilen?" brüllt der Mann.
„Ich brauche saubere Teller!"
Aber Jörg nimmt den allerschmutzigsten Teller
und läuft damit zur Küche hinaus.
Er geht auf die Theke zu, hinter der der Mann steht,
und schmeißt den Teller auf den Boden.
Dann rennt er ganz schnell weg, hinaus auf die Straße.
Draußen ist es schon Nacht.

Im Bahnhof erwischt er den letzten Zug nach Hause.
Im Zug versteckt er sich in einem stinkenden WC,
denn er hat ja keine Karte.
Schließlich kommt er in seinem Dorf an.
Nun muß er noch ein Stück laufen.
Er ist sehr müde.
Er trottet vor sich hin, ohne zu denken, mit gebeugtem Kopf.
Au, bums! Er ist mit jemand zusammengestoßen.

Es ist sein eigener Vater. Der ist ihm entgegengeeilt!
„Jörg!" sagt Vater. „Bist du es wirklich, Jörg?
Ich hab' mich so nach dir gesehnt.
Ich habe dir zwar erlaubt, allein zu verreisen,
aber am liebsten hab' ich dich doch bei mir.
Ich habe mir solche Sorgen gemacht.
Ich bin so froh, daß du wieder da bist!"
Vater hält Jörg fest in seinen Armen. Jörg drückt sich an ihn.
„Hältst du mich denn nicht für einen großen Dummkopf?" fragt Jörg.
„Mein ganzes Geld ist aufgebraucht."
„Natürlich", sagt Vater, „aber du bist mein allerliebster Dummkopf!
Komm jetzt, Mutter wartet schon auf dich.
Wir haben noch etwas zu essen für dich verwahrt,
Hähnchen mit Apfelmus."
„Hallo, Leute", ruft er über die ganze Straße,
„seht mal, wer wieder da ist: Jörg!
Kommt alle zu uns nach Hause.
Ich spendiere euch ein Fest!"

Am späten Abend wird auf dem Bauernhof ein großes Fest gefeiert.
Die Kinder, die schon im Bett waren, kommen einfach im Schlafanzug.
Das Blasorchester erscheint mit Trompeten, Trommeln und Klarinetten.
Mutter ist so glücklich, daß Jörg wieder da ist.
Sie tanzt vor lauter Freude zur Musik auf dem Tisch.
Die anderen klatschen den Takt dazu.
Der Bäcker bringt eine Torte, die aus drei Etagen besteht,
mit hundert Kerzen darauf.
Alle singen die Melodien mit, und jeder bekommt ein Stück Torte.

Draußen im Dunkeln steht ein kleiner Junge; der ist böse.
Es ist Peter, der Bruder von Jörg.
Er ist eifersüchtig und wütend.
„Mein Bruder war ein solcher Dummkopf", denkt er,
„aber er wird nicht mal bestraft. Nein, er wird sogar gefeiert!
Lauter Musik und Tamtam für diesen blöden Blödmann.
Baah – ich finde das richtig gemein!"
„Ist was?" hört er plötzlich. „Wo steckst du denn bloß?"

Es ist Vater, der hatte ihn da sitzen und schmollen sehen.
„Na ja, ist doch wahr", sagt Peter. „Ich bin richtig sauer.
Hab' ich nicht recht?
Jörg macht mit dem Geld nur Unsinn, und was kriegt er? Ein Fest!
Für mich wird nie ein Fest gefeiert.
Ich wasche mir immer die Hände, und ich putze immer meine Schuhe.
Ich helfe – eh – manchmal beim Spülen.
Aber kriege ich jemals ein Fest?
O nein, darauf kommt kein Mensch!"
„Ach Peter", sagt Vater, „komm her in meine Arme, du kleiner Stropp.
Du weißt doch wohl, daß alles, was mir gehört, auch dir gehört?
Du weißt doch, daß ich dich liebhabe, genauso lieb wie Jörg?
Aber den Jörg, den hätte ich um ein Haar verloren.
Vielleicht ist er tot, habe ich gedacht.
Aber jetzt ist er wieder lebend bei uns.
Darum wird das Fest gefeiert!
Und zwar nicht für Jörg allein.
Wie kannst du das nur glauben!
Wir feiern doch alle mit,
weil wir alle wieder beisammen sind.
Also komm mit aufs Fest!
Dann bekommst du ein Stück Torte,
so groß wie eine Viertelstunde
auf der Wanduhr!"

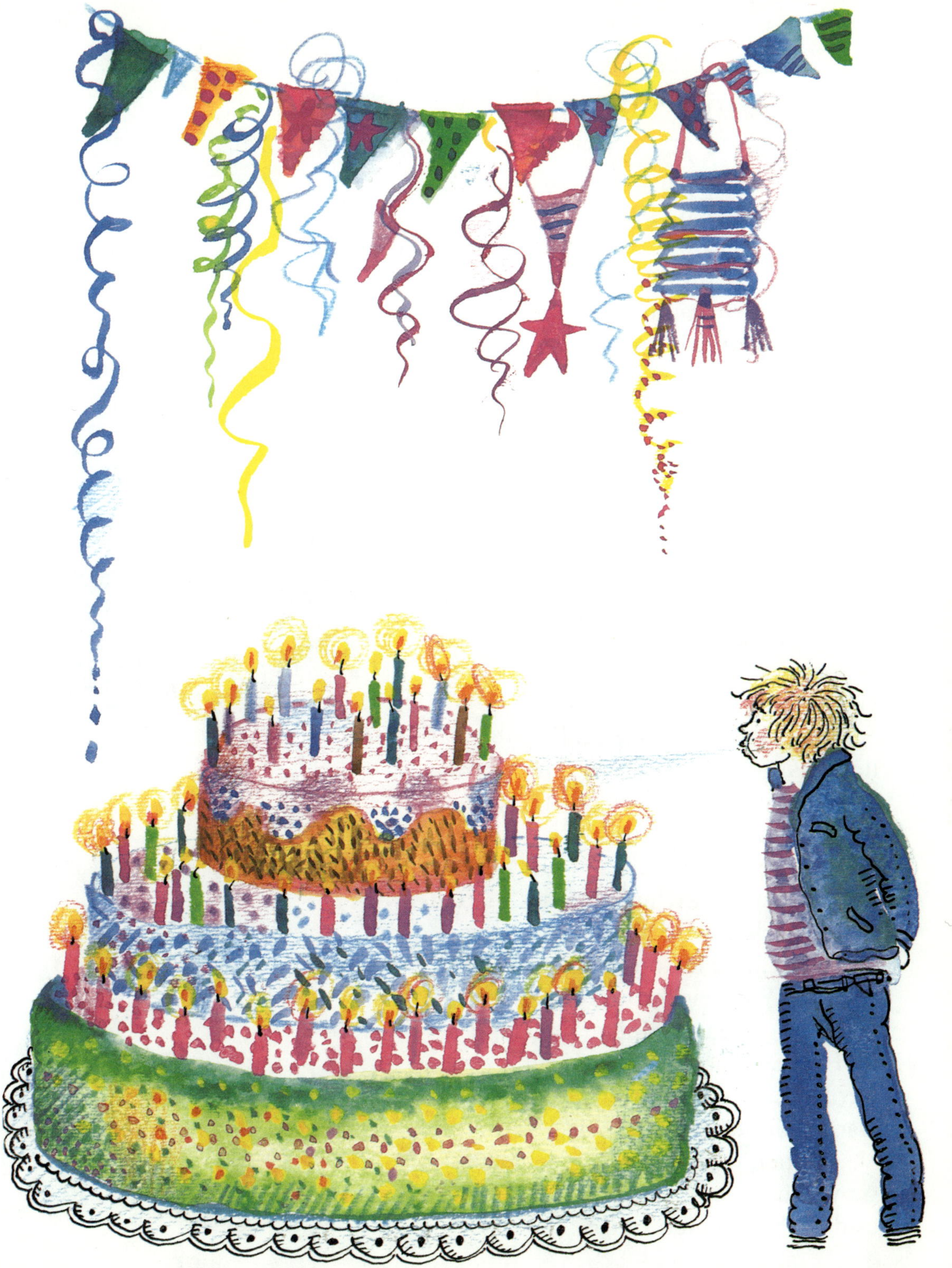

Das kleine Samenkorn

Jörg kommt nach Hause.
Er sagt: „Ratet mal, was ich in meiner Hand halte!
Ich will es euch erzählen.
Ich hab' einen Baum in meiner Hand!
In seiner Krone können viele Vögel wohnen.
Oder glaubt ihr mir etwa nicht?

Dies ist ein Samenkorn,
es stammt von einem Senfbaum.
Wenn ich es in die Erde stecke,
bekommt es winzig kleine Keime,
und das werden dann die Würzelchen.
Wenn es geregnet hat
und die Sonne scheint,
beginnt der Baum zu wachsen.
Er bekommt ein winzig kleines Blättchen.
Das Blättchen wird zu einem Zweig,
und der Zweig bekommt Seitentriebe.
Aus den Würzelchen werden Wurzeln,
der Zweig wird zu einem Stamm,
und die Seitentriebe
werden zu Ästen voller Blätter.
Darin können sich die Vögel verbergen.
Sie können darin ihre Nester bauen;
sie wohnen dort,
und sie bekommen Junge.

Dieser Baum hat als kleines Samenkorn angefangen, aber auch kleine Dinge vermögen viel!"

Das versinkende Haus

Es ist früh am Morgen.
Jörg sitzt am Fenster und schaut nach draußen.
Da kommt ein Lastwagen. Er ist vollbeladen mit Ziegelsteinen.
Dann folgt noch ein Lastwagen mit Bretterstapeln.
Es kommt auch ein Trecker,
der eine Zementmischmaschine hinter sich herzieht.
Das ist so eine große Tonne, die sich dreht
und Sand und Zement und Wasser mischt,
das wird dann später zu hartem Beton.
Die beiden Lastwagen und der Trecker bleiben stehen,
genau vor dem Grundstück, das gegenüber dem Bauernhof liegt.
„Komm mal gucken", ruft Jörg.
Und Peter kommt, um zu sehen, was los ist.
Jetzt kommt noch ein Kleinbus mit Männern angefahren.
Sie steigen aus.
Hinter ihnen folgt ein Auto – ein Riesenschlitten von Wagen.
Ein kleiner dicker Mann steigt aus.
„Die wollen bestimmt was bauen", sagt Peter.
Peter und Jörg eilen nach draußen, um zuzusehen;
denn beim Bauen zusehen,
das finden sie schöner als alles andere, was es zu sehen gibt.
„Na Jungens", sagt der kleine dicke Mann, „seht euch das nur gut an.
Ich bin jemand, der ein Haus bauen will; ich bin ein Bauherr.
Ein Haus, das so fest steht wie ... nun, eben ein Haus.

Das soll es also einmal werden.
Ein Haus mit einer breiten Freitreppe,
und mit einem mächtigen Balkon, der auf dicken Säulen ruht.
Ich habe viel Geld verdient.
Wenn das Haus fertig ist,
können die Leute sehen,
wie reich ich bin!"

Jetzt kommen auch Vater und Mutter einmal nachsehen.
„Sie werden also unser neuer Nachbar von gegenüber?"
fragt Mutter.
„Gewiß, gnädige Frau", sagt der kleine dicke Mann.
„Mein Name ist Pinkerich.
Ich bin der Herr Pinkerich.
Und dieser Pinkerich wird sich hier eine superfeine Villa hinsetzen.
Ist das nicht ein toller Gewinn für die Gegend hier?"

„Ja, ja", sagt Vater, „aber der Boden hier hat seine Tücken.
Es ist hier stellenweise sumpfig, da gibt der Boden nach.
Sie müssen lange Pfähle in die Erde rammen.
Nur so kann man hier hohe Häuser bauen."
„Möglich", sagt Herr Pinkerich, der es offenbar besser weiß.
„Abwarten, abwarten, abwarten."

Peter und Jörg sehen nun jeden Tag nach, ob der Hausbau vorangeht.
Und der Bau geht tatsächlich jeden Tag voran!
Es entsteht eine breite Freitreppe mit geschwungenen Stufen.
Das Haus bekommt eine solide Haustür mit Knopf und Klinke aus Kupfer.
Darüber wölbt sich ein mächtiger Balkon,
der auf dicken Säulen ruht,
und die Balkonbrüstung ist mit Frauenfiguren aus Stein geschmückt.
Peter und Jörg finden es prächtig. Wirklich prächtig.

Als sie abends beim Essen sitzen, fragt Peter:
„Warum haben *wir* nicht solch ein Haus?
Sind wir vielleicht arm oder so?"
„Da hast du nicht ganz unrecht", sagt Vater.
„Vor langer, langer Zeit hat mein Großvater unser Haus gebaut.
Zuerst kamen Pfähle in den Boden –
Pfähle, so lang wie Laternenpfähle.
Die wurden mit einem hölzernen Rammbock in die Erde getrieben.
Denn ganz tief unten ist der Boden steinhart.
Darauf stützt sich unser Haus.

Sicher, es sieht von außen nicht gerade teuer aus,
aber es steht nun fast schon hundert Jahre lang fest und sicher."

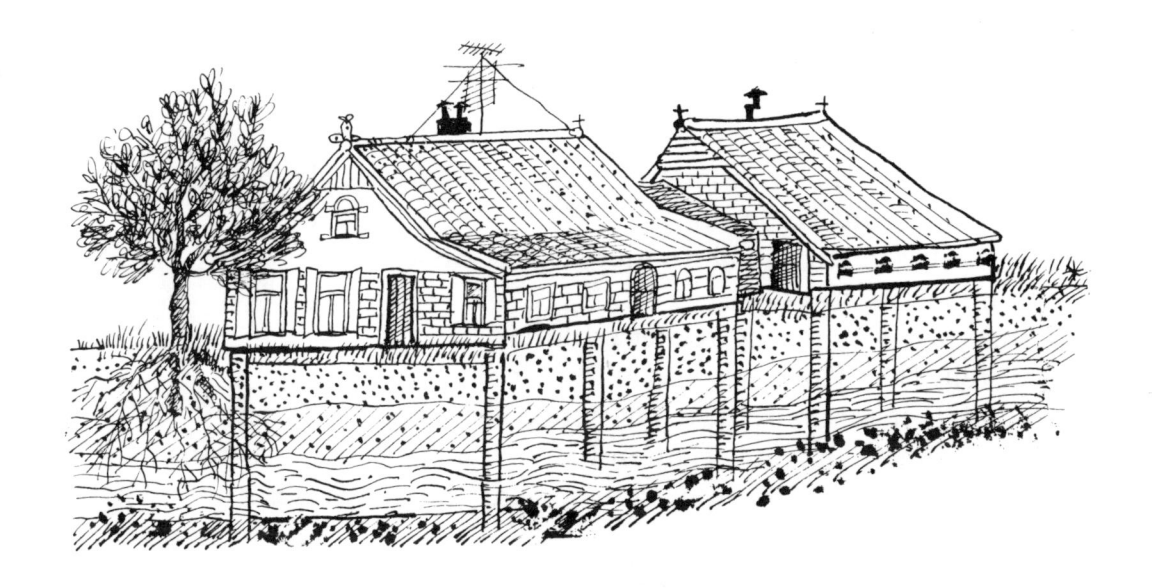

„Ja", sagt Mutter, „es ist ein fabelhafter Bauernhof!"
„Herr Pinkerich hat keine Rammpfähle in der Erde stecken", sagt Jörg.
„Ich weiß", sagt Vater.
„Er hat ja gehört, daß ich ihm geraten habe, es zu tun.
Aber er hat es trotzdem nicht getan."
„Es wird aber auch so ein schönes Haus", sagt Jörg.
Vater lacht. „Abwarten", sagt er, „abwarten.
Abwarten!"

Als der Sommer vorbei ist, ist das Haus fertig.
Alles ist neu, alles glänzt, überall ist frisch gestrichen.
Aber der Anstreicher muß noch mal eben kommen,
denn in der Küchenwand zeigt sich ein schmaler Riß.
Etwas später muß der Maurer kommen,
denn es sind Risse in der Außenmauer.
Noch ein wenig später muß der Installateur kommen,
denn Herr Pinkerich ist verärgert.
„Ihr habt mein Haus verkehrt gebaut", sagt er.
„Das Wasser in meiner Badewanne steht schief!"
„Das Wasser steht nicht schief", sagt der Installateur.
„Das scheint nur so. Aber das ganze Badezimmer steht schief.
Das ganze Haus ist ein bißchen zur Seite gesackt."

Es hatte geregnet. Dann wird der Boden naß und weich.
Dann neigt sich das Haus immer stärker zur Seite
und sinkt allmählich in die Erde.
In Herrn Pinkerichs Wohnzimmer geht es ganz verrückt zu;
alles rollt jetzt auf eine Seite.
Immer kräftiger zeigen sich immer weitere Risse,
die immer größer werden.
Jedesmal, wenn es regnet, regnet es durch.
Dann stellt Herr Pinkerich überall Eimer auf.
Und die untersten Stufen der Freitreppe versinken im Boden.
Und die steinernen Frauenfiguren fallen von der Balkonbrüstung.
Und Herr Pinkerich sitzt traurig in seinem schiefen Sessel
und schimpft leise vor sich hin.
Der Vater von Jörg und Peter geht zu ihm;
er möchte ihn trösten.

Aber Herr Pinkerich sagt:
„Es ist nichts Rechtes geworden, Herr Nachbar.
Der Boden hier taugt nichts.
Es ist ein saumäßiger Boden!"
„Du darfst jetzt nicht dem Boden die Schuld geben", sagt Vater.
„Der Boden eignet sich sehr gut für Getreide, Gras und Kühe.
Du bist selbst daran schuld, daß dein Haus absackt.
Du hättest Pfähle in die Erde rammen müssen.
Ich habe es dir extra vorher gesagt, aber du hast es nicht getan.
Du hast gehört, was ich dir damals sagte,
aber du hast meinen Rat nicht befolgt.
Denn ist es wirklich eine Dummheit, ein Haus zu bauen,
ohne Pfähle in den Boden zu rammen.
Fang jetzt noch einmal ganz von vorne an mit deinem Haus!
Fang mit den Pfählen an, und tu erst danach das Übrige.
Dann wirst du große Augen machen!"
„Weshalb gibst du mir all diese guten Ratschläge?"
fragt Herr Pinkerich.
„Einfach darum, weil wir uns freuen würden,
wenn du hier wohntest!" sagt Vater.
„Hier in unserer Nachbarschaft, in einem ordentlichen Haus."

Da muß Herr Pinkerich lachen.
„Also gut", sagt er.
„Diesmal werde ich tun, was du sagst.
Ja, ich werde es tun, ich werde es tun,
ich werde es tun!"

Die Lampe

„Peter", sagt Mutter, „mach bitte die Petroleumlampe an, es ist schon dunkel geworden."
„Die Lampe?" fragt Peter. „Die hab' ich doch schon angemacht; sie leuchtet prima."
„Nimmst du mich etwa auf den Arm?" fragt Mutter.
„Oder machst du einen Witz?"
„Ja", sagt Peter, „dann guck mal!"

Er wirft die Tonne um.
Darunter steht die Lampe und leuchtet.
„Hier drinnen in der Tonne war es schön hell", sagt er.
„Ja natürlich, du Witzbold", sagt Mutter.
„Du hast mich ganz schön hereingelegt.
Aber das Lämpchen da gehört nicht unter die Tonne.
Wenn eine Lampe angezündet ist, muß sie auch leuchten können.
Stell sie schnell auf die Fensterbank.
Dann können die Leute draußen sehen, wo wir wohnen;
dann können sie sich in der Dunkelheit nicht verirren."

Das Fest

Herr Pinkerich hat nun begriffen,
was der Nachbar von gegenüber gemeint hat.
Er läßt das ganze Haus wieder abbrechen.
Er beginnt wieder ganz von neuem.
Diesmal kommen zuerst lange Pfähle in die Erde.
Jetzt wird es ein festes und sicheres Haus.
Und schön wird es außerdem.
Auch diesmal wird eine breite Freitreppe
mit geschwungenen Stufen gebaut;
das Haus bekommt eine solide Tür mit einer Dingdong-Klingel und einem
mächtigen Balkon, der auf dicken Säulen ruht.
Jetzt ist es fertig; jetzt ist es sehr schön.
Peter und Jörg stehen am schmiedeeisernen Gitter
und sehen es sich an.
Da kommt Herr Pinkerich heraus.
„So, so, Jungens", sagt er. „Was haltet ihr denn jetzt davon?
Das ist keine Kleinigkeit, was?
Das ist eine großartige Angelegenheit!
Das ist nicht einfach irgendein Haus.
Das ist ein echtes Herrenhaus."
„Was ist das, ein Herrenhaus?" fragt Peter.
„Das ist ein großes Haus, in dem große Persönlichkeiten
aus und ein gehen" – erklärt Herr Pinkerich.
„Und diese hochgestellten Herren sind vornehme Herren.
Dazu gehören zum Beispiel der Bürgermeister, der Notar,
der Richter und so weiter.
Ich werde ein Fest veranstalten, zu dem sie alle kommen sollen:
der Bürgermeister, der Notar und der Richter.

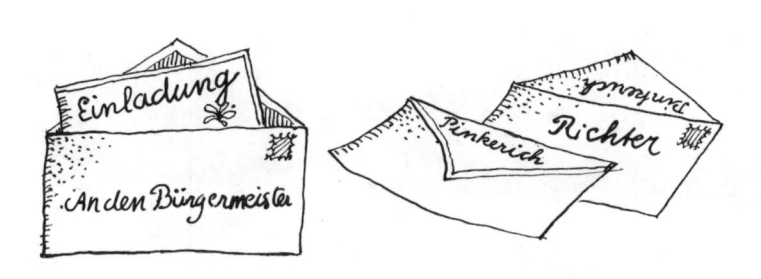

Dann sind sie bei meinem Fest dabei
und unterhalten sich mit mir;
und dann gehöre ich auch zu den hohen Herren.
Ich habe ihnen allen eine hübsche
Einladungskarte geschickt
und gefragt,
ob sie zu meiner Party kommen werden.
Nun, was sagt ihr dazu?"
Jörg und Peter sagen nicht viel.
Es hat ihnen die Sprache verschlagen.
Jörg denkt: „Komischer Mann,
dieser Herr Pinkerich.
Er will besonders vornehm wohnen.
Ist das nun ein Vorteil oder ein Nachteil?"

Nun werden Dosen und Schachteln voll
leckerer Häppchen
in Herrn Pinkerichs
Haus getragen.
Schüsseln voll Kartoffelsalat
werden gebracht.
Es folgen große Pakete Chips
und Erdnüsse.
Dann kommen
große Flaschen an, mit
goldfarbenem Stanniol
um den Korken.
Die sind voll Sekt.
Herr Pinkerich ordnet alles
auf einem großen Tisch.

Er hat seinen besten Anzug an.
Er ist aufgeregt.
Er wartet auf die Gäste;
sie müssen bald kommen.
Er stellt schon den Plattenspieler an und macht Musik.
Er möchte am liebsten schon von den Sachen naschen.
Er schaut auf die Uhr.
Es ist schon spät, und die Gäste sind immer noch nicht da.
Kein Bürgermeister, kein Richter, kein Notar.
„Wo bleiben sie denn nur?" denkt Herr Pinkerich.

„Ich werde mal nachsehen."
Er zieht seinen Mantel an und geht zum Bürgermeister.

Er schellt. Das Dienstmädchen öffnet ihm.
„Wen darf ich melden?" fragt sie.
Sie geht ins Wohnzimmer, um den Bürgermeister zu holen.
Herr Pinkerich steht währenddessen im Hausflur.
Er hört, was der Bürgermeister sagt.
„Ist das dieser merkwürdige Kautz, dieser Pinkerich?"
hört er ihn fragen.
„Ich hab' keine Lust, zu dessen Fest zu gehen.
Wie kann ich ihn nur loswerden?"
Dann kommt der Bürgermeister persönlich den Flur entlang.
„Ach du meine Güte", sagt er, „stimmt, du hattest mich
ja zum Fest eingeladen!
Es tut mir wirklich überaus schrecklich leid,
aber ich kann nicht kommen.
Ich muß noch eine Menge Akten und Briefe lesen;
das ist nötig wegen einer Versammlung im Rathaus."

Herr Pinkerich ist sehr geknickt.
Er geht weiter zum Hause des Richters.
Der Richter öffnet selbst; er hat seinen Mantel an.
„Ich muß gerade weg", sagt er.
„Ich habe ein Grundstück gekauft;
darauf will ich Häuser bauen lassen.
Ich bin im Begriff, dorthin zu gehen
und nach dem Rechten zu sehen.
Das ist wichtiger als dein Fest. Tschüs!"

Beim Notar muß Herr Pinkerich lange schellen.
Endlich macht der Notar auf.
Er hat einen Morgenmantel an, und er hat bloße Beine.
„Ich bitte tausendmal tausendmal um Entschuldigung",
sagt der Notar.
„Weißt du, ich habe erst vor kurzem geheiratet;
und darum brauche ich viel Zeit für meine Frau.
Deswegen habe ich keine Zeit für dein Fest.
Du nimmst es mir doch hoffentlich nicht übel?"

Herr Pinkerich stapft zurück zu seinem schönen Haus; er ist sehr böse.
Er ist böse auf den Bürgermeister.
Er ist böse auf den Richter.
Er ist böse auf den Notar.
Direkt vor seinem Haus sieht er Jörg stehen.
Herr Pinkerich fängt an zu schimpfen:
über den Bürgermeister, den Richter
und den Notar.
„Das war ein Reinfall", sagt er.
„Die hohen Herren, die finden mich
nicht vornehm genug.

Ich habe doch wohl genügend Geld, oder?
Warum lassen sie mich auf meinem Fest sitzen?"
Jörg sagt: „Sie sollten auch diese Leute nicht einladen.
Diese Leute passen nicht zu Ihnen; das sind Angeber.
Sie aber sind kein Angeber, Herr Pinkerich!
Weshalb laden Sie nicht ganz normale Leute zu Ihrer Party ein?
Fragen Sie doch den Lebensmittelhändler, ob er kommt.
Fragen Sie doch die Knechte,
die bei meinem Vater auf dem Hof arbeiten.
Fragen Sie die Mädchen aus der Fabrik.
Fragen Sie die Jungens, die keine Arbeit haben.
Fragen Sie die Frauen aus der Wäscherei.
Fragen Sie die alten Männer aus der Kneipe!"
All das sagt Jörg zu Herrn Pinkerich.
Der schweigt einen Moment. Dann ruft er plötzlich:
„Ja, mein Junge, das ist eine gute Idee!
Das trifft den Nagel auf den Kopf.
Du hast ganz recht!
Wir werden all diese Leute zu meiner Party einladen.
Dann ist es aber auch keine kleine Party mehr –
dann wird es eine riesengroße Fête!
Du darfst auch noch
ein paar Rotznasen von deiner Güte einladen."
„Darf ich denn auch kommen?" fragt Jörg.

„Natürlich, mein Junge", sagt Herr Pinkerich. „'türlich!
Und bring deine ganze Familie mit."
Jetzt gehen Jörg und Herr Pinkerich ins Dorf.
Sie klingeln an allen Türen, um die Leute einzuladen.

An diesem Abend findet bei Herrn Pinkerich ein großes Fest statt,
eine ganz tolle Fête.
Es sind ein paar Jungen dabei, die ihre eigenen Schallplatten
und Kassetten mitgebracht haben.
Sie dürfen sie mit voller Lautstärke spielen lassen.
Auch Mädchen sind gekommen;
die singen wie eine echte Gruppe im Fernsehen.
Ein paar Männer zeigen Kunststücke mit Bierdeckeln.
Frauen sind da, die einen lustigen Reigen tanzen,
mit hocherhobenen Armen.
Jörg hat seine Blockflöte mitgebracht und spielt darauf.

Die Leute hören ihm zu und klatschen,
als das Stück zu Ende ist.
„Ihr seid aber lahme Enten", sagt Jörg.
„Nun habe ich so schön Flöte gespielt,
und ihr habt nicht mal getanzt.
Ihr müßt nicht nur zuhören, wenn ich spiele;
ihr müßt auch dazu tanzen!"
Das tun sie natürlich alle gern, als Jörg weiterspielt.
Herr Pinkerich ist wieder froh und in bester Stimmung.
Er hat eine große Flasche in der Hand.
Er schenkt allen Leuten ein.
Er ruft: „Tut mir einen Gefallen, Jungens!
Geht doch mal eben auf die Straße.
Holt noch mehr Leute herein –
ganz egal, wer es ist.
Mein Haus soll rappelvoll werden!
Denn nur ein volles Haus
ist ein gutes Haus!"

Im letzten Augenblick

Nun ist es soweit.
Das Korn ist gemäht.
Man hat es schön ordentlich zu Garben gebunden.
Die Garben lehnen sich aneinander und bilden kleine Zelte.
Diese Kornzelte sind in geraden Reihen auf dem Feld aufgestellt.
Das sieht sehr schön aus.
Aber sie stehen da nicht zum Anschauen,
nein, sie müssen auf den großen Anhänger geladen werden.
Dann wird das Korn in die Scheune gefahren;
da liegt es schön trocken.
Es muß in der Scheune sein, bevor der Regen kommt oder der Hagel.
Denn der Regen macht die Getreidekörner naß,
und der Hagel schlägt sie kaputt.

Darum ist Vater heute nervös.
Er wird erst wieder ruhig sein, wenn alles trocken unter Dach ist.
Jeder muß heute in aller Frühe aufstehen.
Mutter Rita fährt den Trecker mit dem Anhänger.
Jörg und Peter müssen helfen.
Außerdem sind noch Vaters drei Knechte dabei: Jan, Jakob und Josef.
Sie müssen die Garben mit großen Heugabeln auf den Anhänger werfen.

Jörg und Peter stehen oben auf dem Wagen.
Sie stapeln alles aufeinander. Zum Schluß ist der Stapel sehr hoch.
Jan, Jakob und Josef kommen mit ihren Gabeln nicht mehr daran.
Mutter fährt nun den vollen Anhänger zum Hof zurück.
Dort wird das ganze Getreide in die Scheune geworfen.
Schnell fährt Mutter mit dem leeren Wagen
wieder aufs Feld, um die nächste Portion zu holen.
Vater, Jan, Jakob und Josef stehen schon da und warten.
„Wir schaffen es nicht", sagt Josef.
„Das geht bestimmt schief.
Seht nur! Da ist schon ein Wölkchen am Himmel."
Josef ist ein Mensch,
der immer an allem etwas auszusetzen hat
und ständig klagt. Aber diesmal hat er recht.
Wenn man genau hinschaut,
sieht man tatsächlich ein Wölkchen.
Noch ist es eine klitzekleine Wolke.
Aber auch eine kleine Wolke kann wachsen,
bis große Gewitterwolken daraus werden.
Und aus einer großen Wolke
kann es zu regnen beginnen.

Es ist noch soviel zu tun,
weil soviel gutes Getreide da ist.
Vater versteht also sehr wohl,
was Josef meint.

Mittags nehmen sie sich Zeit
für eine kurze Rast.
Mutter Rita hat für jeden
ein dickbelegtes Käsebrot mitgebracht, außerdem ein Stück Wurst,
Kaffee in einer Kanne und Schnaps in einem kleinen Fläschchen.
Vater sagt zu Jörg und Peter: „Lauft ihr beiden mal eben ins Dorf.
Seht zu, ob ihr Leute findet, die uns helfen können.
Ich werde sie gut bezahlen." Jörg und Peter rennen los, ins Dorf.
Vor der Kneipe stehen drei junge Männer.
Sie haben keine Arbeit; sie vertrödeln die Zeit. Sie kommen gerne mit,
um sich etwas zu verdienen. Sie fangen mit frischen Kräften an,
zu arbeiten, denn sie sind ja
noch nicht so müde
wie Vater, Jan, Jakob und Josef.

Jetzt kommen sie schneller voran.
Immer wieder fährt Mutter Rita mit einem vollen Wagen zur Scheune.
Aber es ziehen auch immer mehr Wolken über den blauen Himmel.
Vater macht sich Sorgen deswegen.
Hoffentlich gibt es keinen Regen!
Es wird schon ein wenig dämmerig.
Der Abend naht.
Vater wirft einen Blick in die Runde.
Das meiste Getreide liegt schon sicher in der Scheune.
Aber er fände es doch jammerschade,
wenn der Rest nun noch durch Regen und Nässe verderben würde.
Er sagt zu Jörg und Peter: „Geht noch mal ins Dorf.
Schaut nach, ob ihr noch mehr Leute finden könnt,
die uns helfen wollen."
Wieder rennen Jörg und Peter ins Dorf.
Sie kommen zurück
mit sechs fröhlichen jungen Mädchen.
Die packen tüchtig mit an.
Die letzten Garben werden aufgeladen.
Zum letztenmal fährt Mutter den Anhänger nach Hause,
zur Scheune neben dem Bauernhof.
Jetzt dürfen alle auf dem Wagen sitzen, hoch oben auf dem Getreide.
Neben jedem Jungen sitzt ein Mädchen, und Vater ist das Schlußlicht.
Sie lachen und singen:
„Hoch auf dem gelben Wa–a–gen!"
Jörg und Peter sitzen neben ihrer Mutter auf dem Trecker.
Da spürt Jörg auf einmal einen Regentropfen auf seiner Hand!
Mutter fühlt auch einen auf ihrer Nasenspitze!
Sie fährt jetzt so schnell, wie sie nur kann.
Der Trecker quietscht durch die Kurve.

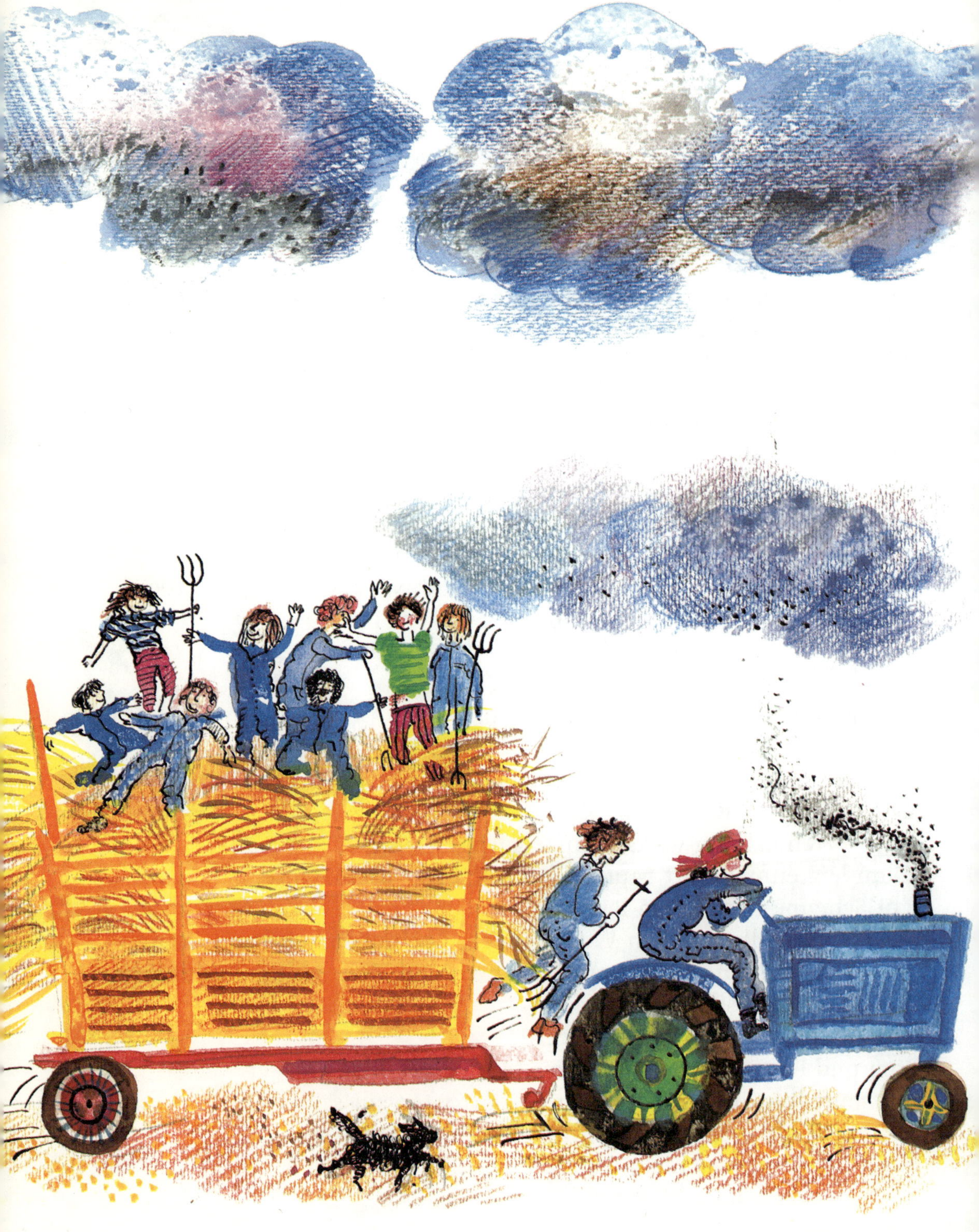

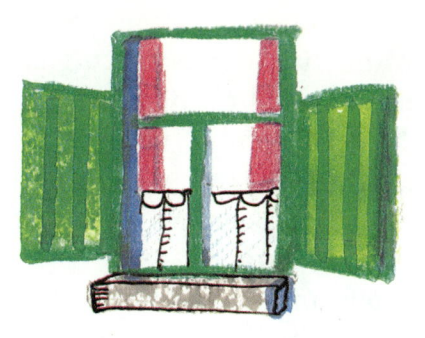

Der Anhänger rappelt und schleudert hinterher.
So fahren sie in den Hof hinein.
Sie brausen gleich durch bis in die Scheune, mit dem Anhänger und allem Drum und Dran.
Endlich sind sie drinnen.

Und genau in diesem Moment fängt es an zu gießen!
Und wie! Das ist schon nicht mehr schön.
Wie aus Kübeln platscht der Regen herunter.
Aus der Dachrinne spritzt das Wasser wie ein Springbrunnen.
Alle Gossen werden zu kleinen Bächen.
Aber Vater macht sich nichts daraus.
Er stapft pitschepatschenaß umher und tanzt durch die Pfützen.
„Macht nur ruhig so weiter, ihr Wolken", ruft er.
„Ihr seid doch zu spät gekommen.
Ich bin glücklich im Trockenen! Ich meine natürlich mein Korn.
Holladio!"
Er ist sehr froh. Er geht in den Keller.
Er holt zwei Kästen Bier herauf.
In der Scheune bekommt jeder ein Pils.
Sie sitzen gemütlich zusammen und trinken zur Feier des Tages.
„Ihr habt alle ganz gewaltig geholfen", ruft Vater.
„Hier sind für jeden von euch hundert Mark."
Er öffnet sein Portemonnaie
und gibt jedem einen Hundertmarkschein.

Aber Josef ist böse.
„Was soll denn das nun bedeuten?" ruft er.
„Ich hab' den *ganzen* Tag lang geschuftet und geschwitzt.
Aber die jungen Kerle da
haben nur einen *halben* Tag lang gearbeitet.
Und die Mädchen kamen erst im letzten Augenblick.
Und nun kriegen sie genauso viel wie ich!
Sie sind nicht gerecht, Bauer Hermanns."
„Ach Josef", sagt Vater. „Jetzt stell dich bloß nicht an.
Bin ich wirklich nicht gerecht? Warum bist du eingeschnappt?
Ich habe dich doch wohl gut bezahlt, oder?
Die anderen müssen schließlich auch Geld zum Leben haben!
Hier geht es nicht darum, wieviel jeder getan hat.
Ich weiß sehr gut, daß du heute eine Menge geleistet hast.
Aber wichtig ist jetzt nur, daß die Arbeit fertig ist.
Wir haben alle zusammen reinen Tisch gemacht.

Los, trink noch ein Bierchen!" „Also gut", brummelt Josef.
Eines der Mädchen ruft: „Hoch lebe Josef, der fleißige Arbeiter!
Hoch! Hoch! Hoch!
Er bekommt von uns allen einen Kuß!"
Und so geschieht es.
Da muß sogar Josef wieder ein bißchen lachen.

Zurückgeben

Hinter dem Bauernhof stehen drei kleine Häuser.
Darin wohnen Jan, Jakob und Josef.
Josefs Haus steht ein wenig abseits; das ist ihm lieber so.
Es macht ihm nichts aus, ab und zu allein zu sein.
Er hat sein Häuschen sehr hübsch eingerichtet.
Er hat dicke Vorhänge, die man zuziehen kann.
Er hat eine gewebte Tischdecke, die auf dem Couchtisch liegt.
Er hat eine Stehlampe, mit Fransen am Lampenschirm.
Und seit kurzem hat er auch noch eine dickgepolsterte Couch.
Diese Couch hat unheimlich viel Geld gekostet.
„So etwa dreitausend Mark", erzählt Josef.
„Nun ja – dafür hat man dann aber auch was Vernünftiges!"
Der Haken ist nur, daß Josef nicht soviel Geld besitzt.
Er hat es sich von Vater geliehen, von seinem Chef.
Jeden Monat zahlt er hundert Mark zurück.
Nun hat er natürlich jeden Monat weniger Geld zum Leben als früher.
Sein Sonntagshemd ist schon ganz verschlissen.
Und er müßte eigentlich einen neuen Wintermantel haben.
Seine Schuhe sind kaputt, aber für diese Dinge hat er jetzt kein Geld.
Vater merkt, daß Josef knapp bei Kasse ist.
Er geht zu ihm nach Hause.
„Wieviel mußt du mir noch zurückzahlen?" fragt er.
„Und wieviel hast du schon bezahlt?" Josef weiß es ganz genau.
„Ich habe sechs Monate lang hundert Mark bezahlt", sagt er.

„Das sind sechshundert Mark.
Ich muß noch vierundzwanzig Monate lang weiter abbezahlen",
sagt er seufzend. „Das sind noch zwei Jahre."
„Das geht nicht", sagt Bauer Hermanns.
„All die Sorgen machen dich zu einem richtigen Miesepeter.
Du bist ständig schlecht gelaunt.
Jeden Tag kriegst du einen Wutanfall.
Mir wäre es lieber, wenn du bei der Arbeit gut gelaunt wärst.
Wer guter Dinge ist, leistet bessere Arbeit!
Reden wir also nicht mehr über die 2400,– Mark.
Du brauchst den Rest nicht zurückzuzahlen."

Josef ist sprachlos. „Ist das wirklich Ihr Ernst?" fragt er.
„Das ist doch wohl nicht möglich?
Wenn man Geld leiht, hat man Schulden,
und Schulden muß man immer abbezahlen."
„Es ist mir ernst", sagt Bauer Hermanns.
„Von nun an bist du schuldenfrei." Dann geht er weg.
Josef bleibt auf seiner dicken Couch sitzen.
Es will ihm noch gar nicht so recht in den Kopf.
Dann aber springt er plötzlich auf. Er ist überglücklich.
Jetzt behält er von seinem Lohn genug über,
um einen Mantel zu kaufen oder ein Hemd und vor allem Schuhe.
Die will er jetzt sofort kaufen.
„Moment mal", überlegt er,

„Ich kriege ja noch zehn Mark von Jakob!
Die hatte er sich von mir geliehen.
Jetzt will ich sie zurückhaben."
Er geht also zu Jakobs Häuschen.
„Hallo Jakob", sagt er. „Wie geht es dir?
Und wie steht es mit meinem Zehnmarkschein?"
„Gut", sagt Jakob. „Du bekommst ihn schon irgendwann wieder."
„Schön", sagt Josef. „Aber ich möchte ihn jetzt sofort wiederhaben!"
„Das ist schwierig", sagt Jakob.
„Denn es gibt da ein kleines Problem:
Ich besitze im Augenblick keine zehn Mark!"
„Also los", sagt Josef jetzt in strengem Ton.
„Laß den Quatsch. Ich will sie *jetzt* haben!
Wenn du keine zehn Mark hast, gibst du mir eben etwas anderes.
Gib mir deine Schuhe. Du hast ja genau meine Größe.
Nun zieh sie schon aus! Sonst hole ich die Polizei."
Da bleibt Jakob nichts anderes übrig, als Josef seine Schuhe zu geben.

Nach dem Mittagessen geht er in Pantoffeln zur Arbeit.
Sie müssen Gras mähen. Jan sieht, daß Jakob Pantoffeln anhat.
„Nanu", sagt er, „bist du ein Pantoffelheld geworden, Jakob?"
Jakob sagt ärgerlich: „Was kann *ich* denn dafür?"
Er erzählt Jan, was Josef getan hat.
„Was für eine Gemeinheit", sagt Jan.

Da kommt Bauer Hermanns, um nach dem Rechten zu sehen.
Er sieht, daß Josef fröhlich bei der Arbeit ist.
Er sieht, daß Jakob beim Mähen ein wenig bedrückt ist.
Er sieht, daß Jan vor Wut kocht, während er seine Arbeit tut.
Er mäht die Grashalme, als sei ihm das ganze Gras zuwider.
„Ist was?" fragt Bauer Hermanns den Jakob.
„Nee, nichts", brummt Jakob. Er will nicht petzen.
„Ist irgendwas?" fragt Bauer Hermanns den Jan.
Jan kann sich nicht länger beherrschen.
Schnell erzählt er alles –
daß Josef wegen des einen dummen Zehnmarkscheins
so ein Theater gemacht hat.

„Waaas?" ruft Bauer Hermanns.
„Das hat der Josef fertiggebracht?
Ausgerechnet der Josef?
Und ich habe ihm erst heute morgen ..."
Mit großen Schritten geht er zu Josef
hinüber. „Was ist denn nun plötzlich
in ihn gefahren?" denkt Jan.
„Der ist ja noch wütender als ich!"
Auch Jakob versteht das nicht so recht.

„Was sind das denn nun für Sachen?"
ruft Bauer Hermanns dem Josef zu.
„Was muß ich denn da von dir hören, he?
Wenn ich *dir* helfe, kannst du doch schließlich
auch einem anderen helfen?
Wenn ich *dich* von deinen Schulden befreie, dann bist du
doch frei genug, um auch einen anderen zu befreien?
Kannst du denn nicht in kleinem Umfang dasselbe tun,
was ich für dich im großen getan habe?

Los, gib dem Jakob die Schuhe zurück!
Du kannst meine Holzpantinen anziehen."
Jakob bekommt seine Schuhe zurück.
Josef steht verlegen auf den Holzpantinen von Bauer Hermanns.
Er schämt sich fürchterlich.
Bauer Hermanns geht auf Strümpfen heimwärts.
„Nehmen Sie ruhig meine Pantoffeln", ruft Jakob ihm nach.
„Ich brauche sie nicht wiederzuhaben."
„Vielen Dank", sagt Bauer Hermanns.
Er schlurft nach Hause.

Die Tausender

Mutter Rita sitzt im Auto;
der Wohnwagen ist hinten angehängt.
„Steigt endlich ein!" ruft sie Jörg, Peter und dem Vater zu.
„Haben wir auch alles?
Jörg, hast du deine Badehose auch nicht vergessen?
Peter, hast du deine Rätselheftchen nicht vergessen?
Vater, hast du alles nicht vergessen?"
Sie fahren in Ferien – weit weg und für eine lange Zeit.
„Warte noch einen Moment", sagt Vater.
„Ich will mich nur noch schnell von den Jungens verabschieden.
Ich hab' noch eine Überraschung für sie."

Er geht zu seinen Knechten Jan, Jakob und Josef.
Er sagt: „Ich vertraue euch alles mit ruhigem Gewissen an.
Ihr könnt gut einmal ohne mich den Bauernhof versorgen.
Aber ich habe außerdem noch etwas Besonderes für euch.
Hier. Jeder von euch bekommt tausend Mark.
Denkt euch nur selber aus, was ihr damit anfangen wollt!"
Er gibt allen dreien die Hand – und einen Tausendmarkschein.
Dann steigt er ins Auto; er winkt und fährt mit seiner Familie davon.
Jan, Jakob und Josef bleiben zurück und sind baß erstaunt;
jeder hält einen schönen, neuen Tausendmarkschein in der Hand.

Jan weiß sofort, was er tun wird.
Er geht zum Viehmarkt.
Er kauft eine Kuh
mit sanftschimmerndem Fell
und einem schwarzen Fleck
um das eine Auge.
Er versorgt auch immer die Kühe
von Bauer Hermanns.
Jetzt hat er eine eigene Kuh.
Er läßt sie zwischen den anderen Kühen
frei auf der Weide herumlaufen.
Die freunden sich mit der Neuen schnell an.
Sie ärgern sie nicht, sondern sind nett zu ihr.
Jan nennt seine Kuh „Koba".
Er will sie nicht den anderen vorziehen;
aber es ist doch seine Lieblingskuh.
Er melkt sie besonders sorgfältig.
Die Milch verkauft er dem Milchhändler; so spart er viel Geld.

Jakob sieht, wie Jan sich mit seiner Kuh beschäftigt,
und da fällt ihm auch etwas ein.
Er geht zum Markt.
Er kauft eine Ziege und einen Ziegenbock.
Er läßt sie in seinem Vorgarten grasen.
Das gefällt der Ziege und dem Ziegenbock.
Sie fressen Gras und Primelchen – die Blumen sind ihr Nachtisch.
Jakob kauft auch einen Leiterwagen.
Jeden Samstag darf der Bock den Leiterwagen ziehen.
Dann dürfen die Kinder für fünfzig Pfennige
eine Rundfahrt auf dem Leiterwagen machen.
Von der Ziege bekommt Jakob Ziegenmilch. Daraus macht er Ziegenkäse.
Nach einer Weile wird die Ziege immer dicker.
Der Bock und die Ziege bekommen zusammen vier kleine Zicklein.
Nachdem sie geboren sind, werden sie von Jakob gut versorgt.
Erst später, wenn sie groß geworden sind,
will er sie auf dem Markt verkaufen.

Josef weiß nicht so recht, was er mit dem Tausender tun soll.
Er findet es komisch, daß er das Geld einfach so bekommen hat.
Jan und Jakob hält er für dumme Trottel.
„Man muß sich nur mal vorstellen", denkt er, „daß der Kuh,
der Ziege oder dem Ziegenbock etwas passiert!

75

Stellt euch vor, daß die Kuh krank wird
oder daß die Ziege in den Teich fällt
oder daß der Bock aus Versehen von einem Jäger erschossen wird!
Dann werdet ihr aber Augen machen –
denn dann wird Bauer Hermanns sehr böse werden,
weil sein schöner Tausender zum Teufel ist."
Josef findet, daß Bauer Hermanns mit Geld keinen Spaß versteht.
Darum gibt er die tausend Mark lieber nicht aus.
Das kann auf keinen Fall schaden, denkt er.
Er legt den Tausendmarkschein in die Bibel.
Ein dickeres Buch besitzt er nicht.
In diesem Buch versteckt er also sein Geld.
Dort ist es gut und sicher aufgehoben.
Dort wird es bestimmt niemand suchen.

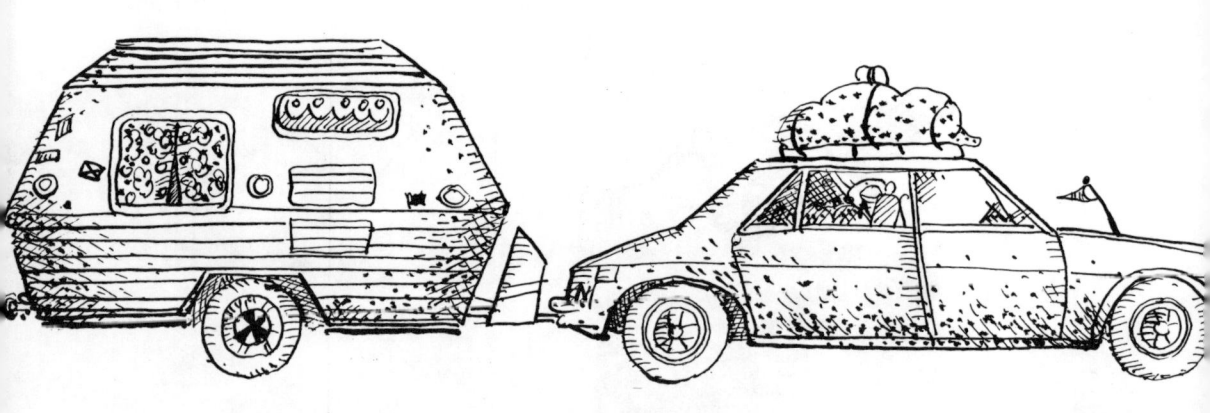

Der Sommer ist vorbei, und der Herbst naht.
Jörg und Peter müssen bald wieder in die Schule.
Deshalb kommt die ganze Familie aus den Ferien zurück nach Hause.
Sie sind braungebrannt, und sie haben Strohhüte bei sich,
aus einem fernen Land.
Mutter Rita fährt mit dem Auto und dem Wohnwagen
vor der Haustür des Bauernhofes vor.
Jörg und Peter springen aus dem Auto.
Sie freuen sich, daß sie wieder zu Hause sind.
Sie gehen zusammen mit ihrem Vater nachsehen,
wie es Jan, Jakob und Josef geht.

„Kommt mal eben mit", sagt Jan lachend. Er führt sie auf die Weide.
Er sagt: „Seht ihr da die eine mit dem schwarzen Fleck ums Auge?
Das ist meine Koba. Das ist *meine* Kuh!"
Koba kommt zu Jan herüber.
„Streichelt sie ruhig", sagt Jan zu Peter und Jörg.
„Moment mal – ich melke sie eben.
Hier, probiert nur! Trinkt einen Schluck! Köstliche Vollmilch von Koba.
Ich habe Koba für die tausend Mark gekauft.
Und jetzt verdient Koba Geld für mich. Sie gibt Milch."
„Nur los, gib mal einen Schluck her!
Das ist wahrhaftig nicht schlecht", sagt Bauer Hermanns.
„Diese Milch schmeckt ausgezeichnet.
Du hast gut gewirtschaftet, Jan.
Du hättest das Zeug dazu, eine eigene Landwirtschaft zu beginnen.
Dazu will ich dir gerne verhelfen."

Jörg und Peter sind schon weitergelaufen.
Sie rennen um die Wette zu Jakobs Häuschen hinüber.
Im Vorgarten sehen sie den Ziegenbock,
die Ziege und die kleinen Zicklein.
Jakob holt den Leiterwagen zum Vorschein.
„Macht es euch da drin gemütlich", sagt er zu Peter und Jörg.
„Der Bock spendiert euch eine Gratisfahrt.
Er hat sowieso schon genug für mich verdient."
Inzwischen ist auch der Vater gekommen.
Jakob sagt: „Die Ziege und den Bock
hab' ich von Ihrem Geld gekauft.
Den Leiterwagen übrigens auch.
Die kleinen Zicklein verkaufe ich erst,
wenn sie groß sind."
„Tolle Idee, tolle Idee – wirklich nicht schlecht!"
sagt Bauer Hermanns.
„Du hast gut gewirtschaftet, Jakob.
Du könntest ohne weiteres
einen eigenen Bauernhof führen.
Dazu will ich dir gerne verhelfen."

Doch dann gehen sie zu Josef.
„Hatten Sie schöne Ferien?" fragt Josef.
„Bevor ich es vergesse – erst noch eben das hier."
Josef nimmt die Bibel aus dem Schrank.
Bauer Hermanns hat keine Ahnung, was Josef will.
Aber der schlägt die Bibel auf.
Er nimmt den Tausendmarkschein heraus
und gibt ihn Bauer Hermanns.
„Bitte sehr", sagt Josef. „Hier haben Sie Ihr Geld zurück.
Ich habe es nicht angerührt. Ich habe es gut aufbewahrt,
denn ich weiß, daß Sie es mit Geldsachen sehr genau nehmen."
„Mein lieber Mann!" ruft Bauer Hermanns.
„Das war doch nicht der Sinn der Sache!
Wenn man etwas geschenkt bekommt,
muß man doch etwas damit anfangen!
Wenn man als Kind ein Spielzeug bekommt,
muß man auch damit spielen, sonst nützt es einem nichts.
Und wenn man intelligent ist, muß man diese Gabe benutzen, um schöne
und nützliche Dinge auszudenken.
Was soll ich denn bloß von dir halten?
Kann ich dir denn nicht mal einen Tausender überlassen?
Hier, behalte das Scheinchen.
Fang um Himmels willen etwas Vernünftiges damit an."
Josef ist sehr verlegen, als er das Geld wieder annimmt.
Er setzt sich hin und beginnt zu überlegen.

Am nächsten Morgen steht Josef auf dem Markt.
Er hat sich einen eigenen Gemüsestand gekauft.
Er verkauft Rettiche und Zitronen.
Er hat gerade erst angefangen,
aber es sind schon eine ganze
Menge Kunden dagewesen.
Jetzt ist Josef zufrieden,
und alles geht gut.

1 Kilo 2,50

1 Kilo 1,—

Zitronen und Rettich von Josef

Das Schiffsmodell

In der Stadt wird ein hoher Festtag gefeiert.
Alle Leute haben frei.
Es finden Umzüge statt, mit Musikkapellen
und Tambour-Mariechen.
Und alle Kinder haben die Erlaubnis,
einen eigenen Verkaufsstand aufzubauen.
Jörg läßt sich auf dem Bürgersteig vor dem Rathaus nieder.
Es ist noch sehr früh. So bekommt er einen schönen Platz.
Er hat alle möglichen Dinge bei sich.
Er breitet sie auf seinem eigenen kleinen Teppich aus
und spannt einen Schirm darüber auf.
Den hat er mitgenommen, weil es ja vielleicht Regen geben könnte.

Er stellt Comic-Hefte aus, die er schon gelesen hat.
Und einen Baukasten, für den er nun zu groß ist.
Und ein Puzzlespiel, das er schon sechsmal gelegt hat.
Und ein paar Autos mit kaputten Rädern.
Es sind auch noch andere Kinder da und auch ein paar Erwachsene.
Einer verkauft selbstgebackene Pfannkuchen.
Ein anderer spielt auf der Blockflöte.
Und etwas weiter weg sieht Jörg einen alten Mann sitzen,
der alten Kram verkauft:
einen altmodischen Kachelofen,
ein Hirschgeweih, das als Garderobehaken dient,
ein blaugeblümtes Nachttöpfchen mit einem Sprung darin.
„Antik" steht darüber.
Und in der Mitte von allem steht ein kleines Segelboot –
ein Schiffsmodell, das ungefähr einen halben Meter lang ist,
komplett mit Segeln, Leinen und schimmernden Messingteilchen.
Ein Superschiff!
Jörg vergißt beinahe sein eigenes Geschäft.
Er geht zu dem alten Mann hinüber.

Er steht da und kann sich nicht satt sehen.
Er hat schon mal ein Foto
von solch einem alten Segelschiff gesehen.
Er findet diese nachgebauten kleinen Boote wunderschön;
schon immer hat er sich ein solches Schiffsmodell gewünscht!
Aber nicht, um es in der Badewanne
oder auf einem Teich schwimmen zu lassen.
O nein, darum natürlich nicht. Was glaubt ihr wohl!
So ein Schiff ist dazu da, um es im eigenen Zimmer
aufzustellen, findet Jörg.
Und dann muß man es ganz aus der Nähe betrachten

und sich ausmalen, daß man selbst ein kleiner Kapitän ist,
der eine Reise übers Meer macht
und wie vor hundert Jahren nach Amerika segelt.
Schließlich faßt Jörg sich ein Herz
und fragt den alten Mann nach dem Schiff.
„Wieviel kostet das wohl?" erkundigt er sich.
Er tut so, als sei ihm das ziemlich egal.
„Das ist nichts für dich, Bürschchen", sagt der alte Mann.
„Das ist ein echtes Originalmodell von ..."
„... von einer Tjalk", sagt Jörg stolz. Er weiß genau Bescheid.
„Donnerwetter", sagt der alte Mann.
„Du hast aber einen Blick für solche Sachen, junger Mann.
Du hast Ahnung davon! Aber – und das tut mir leid für dich –,
das Schiff ist 275,– Mark wert. Die muß ich dafür haben.
Und das ist nicht mal teuer
für solch ein Schiffsmodell."

Jörg seufzt. Man sieht ihm seine Enttäuschung an.
„Nein, es ist nicht teuer", sagt er,
„aber viel Geld ist es doch."
Er geht wieder zurück zu seinen eigenen Sachen.
Dort steht eine Frau und wartet auf ihn.
„Wo warst du denn nur?" sagt sie.
„Ich möchte für meinen kleinen Jungen die Comic-Hefte kaufen."
Jörg verkauft sie für drei Mark fünfzig.
Er versucht, noch mehr zu verkaufen.
„Wer drei Hefte kauft, bekommt eins gratis dazu!" ruft er.
„Vier Comic-Hefte für nur drei Mark. Nicht für vier Mark!
Das vierte Heft ist ein Gratiszusatzfreiexemplar!"
Er verkauft immer wieder einen neuen Stapel.
Das Geschäft blüht; er hat jetzt schon 27 Mark 50.
Dafür könnte er sich ein kleines Radio kaufen.
Aber er denkt immer nur an das Schiff.
Und 27 Mark 50 sind noch lange keine 275 Mark!

Er schaut noch einmal zu dem alten Mann hinüber.
Der verkauft gerade das Hirschgeweih.
Das kleine Schiff steht noch da.
Jetzt bleibt ein Herr davor stehen.
Er nimmt das Schiff in die Hand und sieht es sich an.
Er unterhält sich darüber mit dem alten Mann.
Jörg bekommt einen Schrecken.
Ob der Herr wohl das Schiff, die schöne Tjalk,
ihm vor der Nase wegkaufen wird?
Der Herr stellt das kleine Schiff wieder hin.
Er geht kopfschüttelnd weiter. Jörg ist erleichtert.
Aber nun weiß er es ganz sicher:
Er muß und er will und er wird das Boot besitzen –
das steht fest!
Er verkauft noch ein paar Autos für fünfzig Pfennig.
Er verkauft das Puzzlespiel unter Preis.
Den Baukasten verschenkt er sogar,
er gibt ihn einer Mutter mit einem quengelnden Kind.

Dann packt er seine Sachen zusammen und läuft schnell nach Hause.
Er geht in sein Zimmer und sieht sich dort um.
Er nimmt ein paar große Tragetaschen
und stopft den Inhalt seines Superlegokastens hinein.
Außerdem nimmt er seine Bleisoldatensammlung mit,
ja sogar seine elektrische Eisenbahn und sein Segelflugzeug.
Er räumt sozusagen sein ganzes Zimmer leer.
Er schleppt alles zum Rathausplatz, und er hat Glück!

Die Kinder, die Pfannkuchen backen, haben viel verdient.
Sie haben gut und gern fünfzig Mark,
und dafür kaufen sie den Superlegokasten.
Dann kommt ein Mann, der Modelleisenbahnen sammelt.
Der kauft Jörgs Eisenbahn für hundert Mark.
Jörg preist seine Waren an, wie ein echter Marktschreier.
„Hier bekommen Sie Qualität, meine Damen und Herren,
zu einem niedrigen Preis!

Wer will noch mal, wer hat noch nicht?
Wer kauft mir meine fantastisch billigen Sachen ab?"
Er ruft so fachmännisch, daß die Leute lachen müssen.
Jeder kauft etwas bei ihm.
Am späten Nachmittag zählt er sein Geld.

Fünf Zwanzigmarkscheine, macht	100,— DM
Acht Zehnmarkscheine, macht	80,— DM
Acht Fünfmarkstücke, macht	40,— DM
Ein Fünfmarkschein, macht	5,— DM
Zehn Zweimarkstücke, macht	20,— DM
Zwanzig Fünfzigpfennigstücke, macht	10,— DM
Fünfundsechzig Zehnpfennigstücke, macht	6,50 DM
Zweiunddreißig Fünfpfennigstücke, macht	1,60 DM
Das macht zusammen:	263,10 DM

Also: zweihundertdreiundsechzig Mark und zehn Pfennige.
Aber das sind immer noch keine 275 Mark!
Und die muß er haben, um das Schiff kaufen zu können.
Der alte Mann mit dem Schiffsmodell ist immer noch da.
Jörg wirft einen Blick hinüber.
Er braucht noch elf Mark neunzig,
und er hat nichts mehr zu verkaufen.
Er sitzt auf seinem Teppich mit dem Schirm und denkt nach.
Plötzlich fällt ihm etwas ein.
„Meine Damen und Herren", ruft er,
„Vielleicht wird es gleich Regen geben, es sieht ganz danach aus.
Wer kauft diesen Anti-Regen-Schirm,
inklusive gratis diesen Prachtteppich?
Beides zusammen nicht für zwanzig Mark, nicht für fünfzehn Mark,
ja, nicht einmal für zwölf Mark –
sondern für nur elf Mark neunzig!"
Eine Dame kommt vorbei.
Sie blickt zum Himmel empor und ist beunruhigt.
Wenn es wirklich zu regnen anfängt, werden ihre Dauerwellen naß.
Sie kauft Jörgs Regenschirm.
Jetzt hat Jörg genau 275 Mark!

Er rennt damit zu dem alten Mann.
Der ist gerade dabei, den antiken Nachttopf einzupacken.
„Da bist du ja endlich!" sagt er.
„Ich dachte schon, wo bleibt der Junge nur?
Ich habe sofort gesehen, daß du ein Fan von alten Schiffen bist.
Ich möchte das Boot nämlich nur jemandem verkaufen,
der wirklich versessen darauf ist.
Ich wollte es keinem anderen verkaufen –
auch nicht dem Herrn, der es sich vorhin angesehen hat.
Aber du darfst es kaufen!
Weißt du was, gib mir nur 274 Mark,
dann hast du noch eine Mark für Limonade.
Die hast du wirklich verdient."

Am Abend liegt Jörg in seinem fast leeren Zimmer im Bett.
Er schaut auf sein Schiffsmodell, seine Tjalk.
„Gottessegen" heißt das Boot.
Er denkt an weite Reisen und eine wilde, aufgewühlte See,
an haushohe Wellen im Golf von Biskaya.
Er passiert sicher das Kap der Guten Hoffnung.
Dann ist er eingeschlafen.

So steht es in der Bibel

Der Apfelbaum *(Lukas 13, 6–9)*

Er erzählte dieses Gleichnis: „Jemand hatte einen Feigenbaum, der in seinem Weinberg gepflanzt war. Er kam und suchte Frucht an ihm und fand keine. Da sprach er zu dem Weingärtner: ‚Sieh, schon drei Jahre komme ich und suche Frucht an diesem Feigenbaum und finde keine; hau ihn um! Wozu saugt er noch den Boden aus?' Jener aber antwortete ihm: ‚Herr, laß ihn noch dieses Jahr, bis ich rings um ihn aufgegraben und Dung gestreut habe, vielleicht wird er in Zukunft Frucht bringen; wenn aber nicht, dann magst du ihn umhauen.'"

Brot backen *(Matthäus 13, 33)*

Ein weiteres Gleichnis erzählte er ihnen: „Das Himmelreich ist gleich einem Sauerteig, den eine Frau nahm und unter drei Maß Mehl mischte, bis das Ganze durchsäuert war."

Suppe kochen *(Matthäus 5, 13)*

Ihr seid das Salz der Erde. Wenn aber das Salz fade geworden ist, womit soll man es salzen? Es taugt zu nichts mehr, als daß es hinausgeworfen und von den Leuten zertreten wird.

Die verlorene Münze *(Lukas 15, 8–10)*

„Oder welche Frau, die zehn Drachmen hat und eine Drachme verliert, zündet nicht ein Licht an und kehrt das Haus und sucht sorgfältig, bis sie sie findet? Und hat sie sie gefunden, so ruft sie ihre Freundinnen und Nachbarinnen zusammen und sagt: ‚Freut euch mit mir, denn ich habe die Drachme gefunden, die ich verloren hatte.' So, sage ich euch, wird bei den Engeln Gottes Freude sein über einen einzigen Sünder, der umkehrt."

Das verlorene Schaf *(Lukas 15, 4–7)*

„Wer von euch, der hundert Schafe hat und eines von ihnen verliert, läßt nicht die neunundneunzig in der Wüste und geht dem verlorenen nach, bis er es findet? Und wenn er es gefunden hat, legt er es voll Freude auf seine Schultern; und wenn er nach Hause kommt, ruft er seine Freunde und Nachbarn zusammen und sagt zu ihnen: ‚Freut euch mit mir, denn ich habe mein Schaf gefunden, das verloren war.' Ich sage euch, so wird im Himmel mehr Freude sein über einen einzigen Sünder, der umkehrt, als über neunundneunzig Gerechte, die der Umkehr nicht bedürfen."

Das verlorene Kind *(Lukas 15, 11–32)*

Er sagte: „Ein Mann hatte zwei Söhne. Der jüngere von ihnen sagte zum Vater: ‚Vater, gib mir den Anteil des Vermögens, der mir zukommt.' Da teilte er den Besitz unter sie. Wenige Tage darauf packte der jüngere Sohn alles zusammen, zog fort in ein fernes Land und vergeudete dort sein Vermögen durch ein verschwenderisches Leben. Nachdem er aber alles durchgebracht hatte, kam eine große Hungersnot über jenes Land, und er fing an, Not zu leiden. Da ging er hin und verdingte sich an einen Bürger jenes Landes, und der schickte ihn auf seine Felder zum Schweinehüten. Gerne hätte er sich den Magen gefüllt mit den Schoten, die die Schweine fraßen, aber niemand gab sie ihm. Da ging er in sich und sprach: ‚Wie viele Tagelöhner meines Vaters haben Brot im Überfluß, ich aber komme hier vor Hunger um. Ich will mich aufmachen und zu meinem Vater gehen und zu ihm sagen: Vater, ich habe gesündigt gegen den Himmel und vor dir. Ich bin nicht mehr wert, dein Sohn zu heißen; halte mich wie einen von deinen Tagelöhnern.' Und er machte sich auf und ging zu seinem Vater.
Als er aber noch weit entfernt war, sah ihn sein Vater und wurde von Erbarmen bewegt, lief herbei, fiel ihm um den Hals und küßte ihn. Der Sohn aber sprach zu ihm: ‚Vater, ich habe gesündigt gegen den Himmel und vor dir; ich bin nicht mehr wert, dein Sohn zu heißen.' Der Vater aber sprach zu seinen Knechten: ‚Holt schnell das beste Kleid heraus und zieht es ihm an, und gebt ihm einen Ring an die Hand und Schuhe an die Füße! Holt das Mastkalb und schlachtet es! Wir wollen essen und fröhlich sein, denn dieser mein Sohn war tot und ist wieder lebendig geworden; er war verloren und ist wiedergefunden worden.' Und sie fingen an, fröhlich zu sein.
Sein älterer Sohn aber war auf dem Feld. Als er kam und sich dem Hause näherte, hörte er Musik und Tanz. Da rief er einen der Knechte herbei und fragte, was das sei. Der aber sagte ihm: ‚Dein Bruder ist gekommen, und dein Vater hat das Mastkalb geschlachtet, weil er ihn gesund wiedererhalten hat.' Da wurde er zornig und wollte nicht hineingehen. Doch sein Vater kam heraus und redete ihm zu. Er aber gab dem

Vater zur Antwort: ‚Siehe, so viele Jahre diene ich dir und habe nie dein Gebot übertreten, und mir hast du nie ein Böcklein gegeben, um mit meinen Freunden zu feiern. Jetzt aber, da dieser dein Sohn gekommen ist, der dein Vermögen mit Dirnen verpraßt hat, hast du ihm das Mastkalb geschlachtet.'
Er aber sprach zu ihm: ‚Sohn, du bist allezeit bei mir, und alles, was mein ist, ist dein. Feiern aber und uns freuen mußten wir, denn dieser dein Bruder war tot und ist wieder lebendig geworden, er war verloren und ist wiedergefunden.'"

Das kleine Samenkorn   *(Matthäus 13, 31–32)*

Ein anderes Gleichnis legte er ihnen vor und sprach: „Das Himmelreich ist gleich einem Senfkorn, das einer nahm und in seinen Acker säte. Das ist zwar das kleinste von allen Samenkörnern. Wenn es aber ausgewachsen ist, ist es größer als die Gartengewächse und wird zu einem Baum, so daß die Vögel des Himmels kommen und in seinen Zweigen wohnen."

Das versinkende Haus   *(Lukas 6, 47–49)*

Jeder, der zu mir kommt und meine Worte hört und sie befolgt – ich will euch zeigen, wem er gleich ist. Er gleicht einem Mann, der beim Hausbau in die Tiefe grub und den Grund auf den Felsen legte. Als nun Hochwasser kam, brandete die Flut gegen jenes Haus und vermochte es nicht zu erschüttern, da es gut gebaut war. Wer aber hört und nicht tut, der gleicht einem Mann, der sein Haus auf die Erde hinbaute ohne festen Grund. Die Flut umbrandete es, und es stürzte gleich ein, und der Sturz jenes Hauses war groß.

Die Lampe   *(Lukas 11, 33; 8, 16)*

Niemand zündet ein Licht an und stellt es in einen verborgenen Winkel oder unter den Scheffel, sondern auf den Leuchter, damit die Eintretenden das Licht sehen. Niemand zündet ein Licht an und bedeckt es mit einem Gefäß oder stellt es unter ein Bett; sondern er stellt es auf den Leuchter, damit die Eintretenden das Licht sehen.

Das Fest   *(Lukas 14, 15–24)*

Als einer der Tischgenossen dies hörte, sprach er zu ihm: „Selig, wer am Mahl im Reiche Gottes teilnehmen wird!" Er aber sprach zu ihm: „Ein Mann veranstaltete ein großes Gastmahl und lud viele ein. Und zur Stunde des Gastmahls sandte er seinen Knecht aus, den Eingeladenen zu sagen: ‚Kommt, denn nun ist es bereit.' Da fingen auf einmal alle an, sich zu entschuldigen. Der erste sprach zu ihm: ‚Ich habe einen Acker gekauft und muß unbedingt hingehen, ihn anzusehen; ich bitte dich, halte mich für entschuldigt.' Und ein anderer sagte: ‚Ich habe fünf Joch Ochsen gekauft und gehe gerade hin, sie zu erproben; ich bitte dich, halte mich für entschuldigt.' Und ein anderer sagte: ‚Ich habe eine Frau genommen und kann daher nicht kommen.'
Der Knecht kam zurück und berichtete dies seinem Herrn. Da wurde der Hausherr zornig und sprach zu seinem Knecht: ‚Geh schnell hinaus auf die Straßen und Gassen der Stadt und führe die Armen und Krüppel und Blinden und Lahmen hier herein.' Und es sagte der Knecht: ‚Herr, es ist geschehen, wie du befohlen hast, und es ist immer noch Platz da.' Da sprach der Herr zum Knecht: ‚Geh hinaus an die Landstraßen und die Zäune und nötige sie hereinzukommen, damit mein Haus voll werde!' Ich sage euch aber: Keiner von jenen Männern, die eingeladen waren, wird von meinem Mahl kosten."

Im letzten Augenblick   *(Matthäus 20, 1–15)*

„Denn mit dem Himmelreich ist es wie mit einem Hausherrn, der früh am Morgen ausging, um Arbeiter für seinen Weinberg zu dingen. Er vereinbarte mit den Arbeitern einen Denar für den Tag und schickte sie in seinen Weinberg. Und als er um die dritte Stunde ausging, sah er andere müßig auf dem Markt stehen und sagte zu denen: ‚Geht auch ihr in meinen Weinberg, und was recht ist, werde ich euch geben.' Und sie gingen hin. Um die sechste und neunte Stunde ging er noch einmal aus und tat ebenso. Und als er um die elfte Stunde ausging, fand er nochmals andere dastehen und sagte zu ihnen: ‚Was steht ihr hier den ganzen Tag müßig?' Sie antworteten ihm: ‚Weil niemand uns gedungen hat.' Da sprach er zu ihnen: ‚Geht auch ihr in den Weinberg.'
Als es nun Abend geworden war, sagte der Herr des Weinbergs zu seinem Verwalter: ‚Ruf die Arbeiter und zahle ihnen den Lohn aus, fange bei den letzten an bis zu den ersten.' Und es kamen die von der elften Stunde und erhielten je einen Denar. Als nun die ersten kamen, meinten sie, sie würden mehr bekommen. Und auch sie erhielten je einen Denar. Und da sie ihn erhielten, murrten sie gegen den Hausherrn und sagten: ‚Diese letzten da haben eine Stunde gearbeitet, und du hast sie uns gleich-

gestellt, die wir die Last des Tages getragen haben und die Hitze.' Er aber erwiderte einem von ihnen und sprach: ‚Mein Lieber, ich tu dir kein Unrecht. Hast du nicht mit mir einen Denar vereinbart? Nimm das Deine und geh. Ich will aber diesem letzten geben wie dir. Oder darf ich mit dem Meinen nicht tun, was ich will? Oder ist dein Auge böse, weil ich gut bin?'"

Zurückgeben   *(Matthäus 18, 23–33)*

„Deshalb ist es mit dem Himmelreich wie mit einem König, der Abrechnung halten wollte mit seinen Knechten. Da er nun anfing abzurechnen, wurde einer vor ihn gebracht, der zehntausend Talente schuldig war. Da er nicht zahlen konnte, befahl der Herr, ihn zu verkaufen samt seiner Frau und seinen Kindern und seiner ganzen Habe und (so) die Zahlung zu leisten. Da fiel ihm der Knecht zu Füßen und flehte ihn an: ‚Habe Geduld mit mir, ich will dir ja alles bezahlen.' Da erbarmte sich der Herr jenes Knechtes, ließ ihn frei und erließ ihm die Schuld. Kaum war aber jener Knecht draußen, da traf er einen seiner Mitknechte, der ihm hundert Denare schuldig war. Den packte er, würgte ihn und sagte: ‚Bezahle, was du schuldig bist.' Da fiel der Mitknecht ihm zu Füßen und bat ihn: ‚Habe Geduld mit mir, ich will es dir ja bezahlen.' Aber der wollte nicht, sondern ging hin und ließ ihn ins Gefängnis werfen, bis er die Schuld bezahlt hätte. Als nun seine Mitknechte sahen, was da vor sich ging, empörten sie sich darüber, gingen hin und berichteten ihrem Herrn alles, was geschehen war. Da ließ sein Herr ihn zu sich rufen und sprach zu ihm: ‚Du böser Knecht, jene ganze Schuld habe ich dir erlassen, weil du mich gebeten hast. Hättest nicht auch du dich deines Mitknechtes erbarmen müssen, so wie ich mich deiner erbarmt habe?"

Die Tausender   *(Lukas 19, 12–23)*

Er sagte: „Ein Mann von edler Abkunft reiste in ein fernes Land, um für sich das Königtum zu erlangen und zurückzukehren. Er rief nun zehn seiner Knechte zu sich und gab ihnen zehn Minen und sprach zu ihnen: ‚Macht damit Geschäfte, bis ich komme!' Seine Mitbürger aber haßten ihn und schickten eine Gesandtschaft hinter ihm her und ließen sagen: ‚Wir wollen nicht, daß dieser König über uns sei.'
Und es begab sich, als er nach Erwerb des Königtums zurückkehrte, ließ er die Knechte rufen, denen er das Geld gegeben hatte, um zu erfahren, was ein jeder erhandelt hätte. Es kam der erste und sagte: ‚Herr, deine Mine hat zehn Minen dazugebracht.' Und er sprach zu ihm: ‚Recht so, du guter Knecht. Weil du in Geringem treu gewesen bist, sollst du die Herrschaft über zehn Städte haben.' Der zweite kam und sagte: ‚Herr, deine Mine hat fünf Minen eingetragen.' Auch zu diesem sprach er: ‚Auch du sollst über fünf Städte gebieten.'

Und der andere kam und sagte: ‚Herr, sieh, da ist deine Mine, die ich in einem Schweißtuch verwahrt habe, denn ich fürchtete dich, weil du ein harter Mann bist. Du nimmst, was du nicht angelegt, und erntest, was du nicht gesät hast.' Er sprach zu ihm: ‚Aus deinem Munde richte ich dich, du schlechter Knecht! Du wußtest, daß ich ein harter Mann bin, nehme, was ich nicht angelegt, und ernte, was ich nicht gesät habe. Warum hast du mein Geld nicht auf die Bank gegeben; dann hätte ich es bei meiner Rückkehr mit Zinsen abgehoben.'"

Das Schiffsmodell *(Matthäus 13, 45–46)*

Wiederum ist das Himmelreich gleich einem Kaufmann, der schöne Perlen suchte. Als er aber eine kostbare Perle fand, ging er hin, verkaufte alles, was er besaß, und kaufte sie.

Inhalt

Um was es in diesem Buch geht 5
Der Apfelbaum 6
Brot backen 10
Suppe kochen 12
Die verlorene Münze 14
Das verlorene Schaf 19
Das verlorene Kind 27
Das kleine Samenkorn 36
Das versinkende Haus 38
Die Lampe 45
Das Fest 48
Im letzten Augenblick 58
Zurückgeben 66
Die Tausender 72
Das Schiffsmodell 80

So steht es in der Bibel 89

Ivo Meyer / Josef F. Spiegel

Wir entdecken die Bibel

Das große Sachbuch für Kinder

„Dieses preisgünstige Buch ist eine aufschlußreiche Entdeckungsreise in die geheimnisvolle Welt der Bibel, mit vielen Bildern, mit Zeichnungen und verständlichen Erklärungen. Hier erfährt der junge Leser vieles über das alltägliche Leben der Menschen von damals, über ihre Feste und ihre Gottesdienste. Vor allem wird viel von Gott gesprochen und von seinem Bund mit den Menschen, die er liebt. Man kann dieses Bibel-Entdeckungsbuch auch verwenden wie ein Lexikon zur Bibel. Ein ausführliches Register der Begriffe und Namen erleichtert das Nachschlagen."
Passauer Bistumsblatt

„Dieses Buch eignet sich ganz besonders als Geschenk für Kinder, ist aber darüber hinaus auch für Eltern, Lehrer und Seelsorger eine hilfreiche Sprach- und Veranschaulichungshilfe." *Würzburger Diözesanblatt*

„Schöne Bilder und historische Darstellungen bereichern die spannenden Texte." *Sonntagspost, Graz*

128 Seiten mit vielen Abbildungen, gebunden, ISBN 3-451-19556-9

Verlag Herder Freiburg · Basel · Wien